U0894923

缠中说禅中枢理论系列

图解缠论

核心理论推导与实战演示

陈秋明◎著

心得 基础 进阶 案例

最新修订 白金版

识别3个安全买卖点，辨析5类中枢形态

精准判断背驰点，看懂所有走势变化

·北 京·

图书在版编目（CIP）数据

图解缠论：核心理论推导与实战演示 / 陈秋明著
. —2 版 . —北京：中国经济出版社，2016. 7（2025. 3 重印）
ISBN 978 – 7 – 5136 – 4256 – 9
Ⅰ. ①图… Ⅱ. ①陈… Ⅲ. ①股票投资—图解 Ⅳ. ①F830. 91 – 64
中国版本图书馆 CIP 数据核字（2016）第 117410 号

责任编辑　贾轶杰
责任审读　贺　静
责任印制　马小宾
封面设计　任燕飞

出版发行　中国经济出版社
印 刷 者　天津嘉恒印务有限公司
经 销 者　各地新华书店
开　　本　710mm × 1000mm　1/16
印　　张　14
字　　数　187 千字
版　　次　2016 年 7 月第 2 版
印　　次　2025 年 3 月第 21 次
定　　价　48. 00 元
广告经营许可证　京西工商广字第 8179 号

中国经济出版社　**网址** www. economyph. com　**社址** 北京市东城区安定门外大街 58 号　**邮编** 100011
本版图书如存在印装质量问题，请与本社销售中心联系调换（联系电话：010 – 57512564）

序 言

2013年，心血来潮写了《图解缠论》一书，当时只是想简单地介绍一下缠论中最基础的买卖方法，用在股市赚钱一点问题都没有。但想真正搞懂、学会缠论，还是应该从缠中说禅的博客原文下手，其他的书籍只是辅助，这是在网上各个地方都反复强调的观点。

本书的第一稿，开始于2013年初，成书于8月。如果上市之初就看到本书的读者，现在应该不是大赚特赚，就是大悔特悔。第一稿《图解缠论》的末尾，根据书中介绍的方法，给出了16只股票，现在可以复盘一下。

以下股票的选出时间，均为2013年3月，推出价格以当月收盘价记，最高价格以2016年1月28日记。

序号	代码	股名	推出价格	最高价格	最大涨幅
1	000021	长城开发	4.44	19.8	446%
2	000488	晨鸣纸业	3.81	13.99	367%
3	000155	川化股份	4.52	18.01	398%
4	000793	华闻传媒	8.08	20.97	260%
5	002090	金智科技	7.29	52.39	719%
6	000061	农产品	5.64	28.58	507%
7	000089	深圳机场	4.05	15.45	381%
8	000027	深圳能源	5.98	27.25	456%
9	000707	双环科技	5.18	11.79	228%
10	000836	鑫茂科技	5.23	29.99	573%

续表

序号	代码	股名	推出价格	最高价格	最大涨幅
11	000088	盐田港	4. 20	14. 98	357%
12	000429	粤高速 A	3. 08	9. 12	296%
13	000759	中百集团	6. 03	15. 05	250%
14	000063	中兴通讯	11. 20	34. 73	310%
15	000659	珠海中富	2. 46	8. 22	334%
16	002169	智光电气	4. 72	40. 5	858%

以上16只股票，在写第一稿的时候，只是随手从自选股里拿出来，可以看到都是00开头的代码，因为行情软件的默认排序就这样。这仅仅只是看图形结构，没有涉及任何基本面与政策面等分析。其中最高收益8倍多，最低收益2倍多，平均收益4倍多，持股时间两年零3个月，平均一年一倍。

由此可见，一个最简单的操作系统，都可以有年平均一倍的盈利空间。不过这种系统只适合特定时刻，并不是每年都有，每年都可以稳定盈利的系统，还需要多加学习。

修订版前言

本书的意义在于让读者初步了解缠论，可以使用固定形态条件的模式来操作交易，而不在于去研究对一般人而言很复杂的理论。所以涉及理论知识部分都比较简短，没有铺陈开来写，这是首先要说明的。也就是说，本书的定位，是一本基于缠论理论的、关于股票操作的入门图书。

此外，局限于三年前的水准，书中某些内容不够完善，主要是可以使用的方法阐述得不够多，而标准走势在实际行情中往往不常见到。而且回过头来看，书里的一些理论论述容易产生歧义，虽然不是重点，但毕竟是一种瑕疵，修订版里面都会纠正、删改。此外，修订版增加了不少这两年写的关于缠论的一些文章，希望对读者理解缠论能够起到帮助。

缠论，作为一种阅读走势的理论，对股票市场的走势进行完全分类，是一种独立于其他系统的思维方式。就理论本身而言，并不太容易完全理解，细节方面要注意的地方太多，而任何基于缠论的操作，首先的要求就是对理论本身贯通无碍，然后才能指导盘中的当下分析与操作。

在实际的理论学习中，"学"这一行为本身并不能获得知识，真正属于自己的知识一定是经过大脑思考推论出来的，博学并不一定导致旁通。对于缠论也是如此，任何书籍、图形、解说都不能使你掌握这门理论，只有在对理论理解谙熟的前提下，经过思考、操作、总结、再思考出来的逻辑与结论才是学习者本身的知识。

三年后，无数次的操作，对缠论的理解与应用，不是之前写这本书时能比的，这种情况对任何一个深入研究一门学问的人而言，都应该是常态。如果哪天看到自己以前的东西还觉得满意，那只有一种情况，就是自己已经停止进步了，早该寻找瓶颈所在想办法突破。这也是三年后回过头再看本书，觉得处处不顺眼的原因。

这本书，本身伴随着我的一段生活经历，矫情点说是承载着一些无法舍去的情感，我希望它比以前更好。

所有希望通过任何股票技术操作理论的学习成为股市里20%的人，在一个领域里面成为专家，意味着你要付出比其他80%的人更多的精力与时间，就股票而言还需要付出金钱，代价是昂贵的。最终在某个领域里面，真正学有所成的人，一定是在悟性、秉性、勤奋、专注、毅力等各个方面都领先的人。

对缠论的学习越深入、越持久，就越理解为什么缠师说要脱胎换骨。对于学习者而言，要更换的并不是方法论，而是思维方式，这是人自身内在的一种改变，不可否认这种改变会异常艰难，因为习惯的力量无比强大。很多人，其实是不存在自己的思想的，习俗、惯例、记忆这些内容充斥着他们的思想，使其思考方式遵循着一些看似合理的方向，而其实他们可能都不知道那些习俗、惯例的合理与否，甚至连怀疑、思考、辩证的想法都不会有。

缠论的贯通是需要思考的，在你思考的同时，独立思考的光辉才会真正显现出来。对于缠论的信心，只有在你切实、深入思考后才能建立起来，而不是由缠师本人如何、其他学缠论者如何、盈利如何这些外在因素来决定。我们从小接受的教育所训练出来的逻辑思考能力中，太多的假设前提要改变，不是件简单的事情。

对于缠论中一些常规模糊问题，本书中并不作详细分析。如中枢扩展这类走势的演化，本书中只会给出相对简单的判断方式，而这些方式并不一定符合缠论推导，这是要注意的地方。其他的如第三买点后的两种走势分类，书中并不探讨其内在逻辑。

前　言

缠论在股市中的应用，其最大化威力的操作，是对某只或者某几只股票，进行敲骨吸髓式的操作，一个建立在各层次级别、匹配不同资金量的立体式操作模型，将使交易风险随着时间的推移而不断减少，直至无风险。而在此之下，通过缠论本身的理论推导，也可以建立起多种固定级别的获利模型，不过其风险是无法避免的，突然的转折在任何时候都是操作系统里的最大风险。对于操作者而言，进行固定级别的操作，要解决的是两件事：一是常规走势的获利模型；二是特殊情况的鉴别与处理。本书重点讨论的就是这种操作模型。

缠论，横亘于其他股票分析方法之外的理论系统，在理论中完全以逻辑、定义、推导的方式将任何走势图形分解，最终达到“阅读”，而不是“分析”股票走势的境界。从这种意义上来讲，缠论是一种语言，是将看似杂乱无章的股票走势翻译为可读文字的语言。

交易，反映为动作，就是买与卖，而股票交易最终要达成的理想化境界就是买点买、卖点卖，缠论的作用就是把买点与卖点，经过严谨的推导，精确地揭示出来。而买点与卖点本身，构成了走势的各个关节点，所谓庖丁解牛，也就是把握住牛的整体结构，并将其拆解，顺着关节点下刀。

股票操作理应是一种机械化的程序，但被机械化的不仅是程序，更是操作者自身，人的机械化才是真正决定操作成绩的关键因素，但在此之前，首先要有机械化的操作程序，本书的目的，就是给出机械化操作的编程语言。

缠论的原文，因为事先没有经过整体的编排，写得比较随意，造成了很多看似前后矛盾的地方，以及一些模糊的概念，更因为缺少实际图形的辅助，使学习者感觉晦涩难明。其实缠论的学习只需要抓住两个重点就可以：一是整体性，通篇的阅读之后，需要站在理论系统全局的角度去理解；二是实践，没有经过实践的理论学习是不足以笑傲股市的，而事实上对理论的深刻理解，往往都建立在实践的基础上。

完整的缠论包含动力学与几何学两个部分，二者不一不异。本书只涉及围绕中枢的股票动力学部分，笔与线段看原文就可以，那没有任何难以理解和模糊的地方。而中枢部分最重理解，完全从定义出发相信很多人都觉得复杂而难以掌握，本书从最简单的“缠论之用”出发，由浅入深地逐步将中枢理论配合大量实际图例加以介绍，目的就是给更多初学缠论者，以及学了很久但总有一些点没有突破的学习者提供辅助性的参考。

很多人都说股市80%的人亏损，20%的人盈利，并根据这一原则怀疑所有技术系统，认为所有的股票技术都改变不了82定律这一事实。从概率层面上，这并没有错，但造成82定律的原因并不是技术是82的，而是学技术、用技术的人是被82的。这和其他行业并没有本质的区别，同样的生意，20%的人赚其他80%人的利润总额，这是一定要有清楚认识的。如果没有一番刻苦的学习、长期的总结、丰富的实践，想学好任何东西都是空中楼阁。

但缠论的特别之处就在于从中可以提炼出一些固定的买入准则，而这些买入方式是完全看图对照就可以立马上手操作的，并不需要有太深的理论基础。当然，想要在无论牛熊的环境中都稳定获利，那是必须对理论掌握的非常透彻之后的事情了。

本书包含了笔者在实际操作中总结出来的内容，可能与其他理解存在不同之处，疏漏之处亦难免，请见谅并恳请指正。

目 录

第六章　市场的获利机会

第七章　历来解盘节选

附　录　具体走势案例的分析

|第一章|

入门篇

从简单的操作方法开始

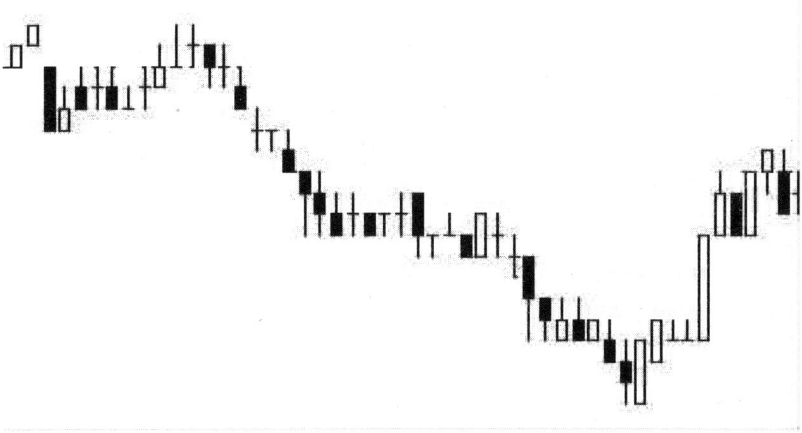

一、必然盈利的中短线买点

打开股票行情软件，将时间周期调整到30分钟行情或者5分钟、10分钟、15分钟行情，寻找目前符合以下特征的股票：

从K线图上看，股价目前已经下跌了一段时间，并且呈现下跌—横盘—下跌—横盘—下跌的特征。如图1－1中航重机15分钟图：

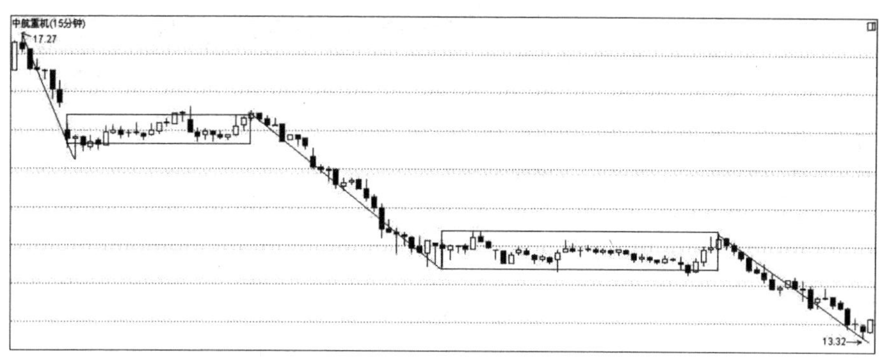

图1－1

把符合这种特征的走势先找出来，然后加上均线指标，均线的参数设置默认的就好，线的数量中等，即以5、10、20、60、120、250日均线为均线系统。如图1－2：

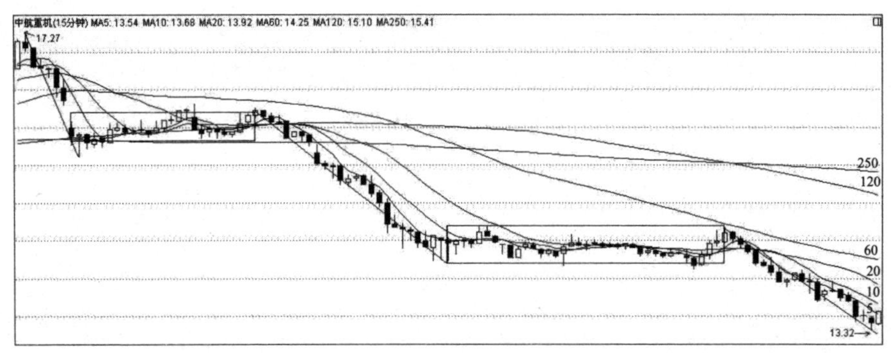

图 1－2

然后开始筛选，把走势中两个盘整的最右边在相同均线区间内的股票挑选出来。比如图 1－2 中，两个盘整的最右边都在 20 日线上、60 日线下，且靠近 20 日均线。然后把挑选出来的股票走势配上 MACD 指标：

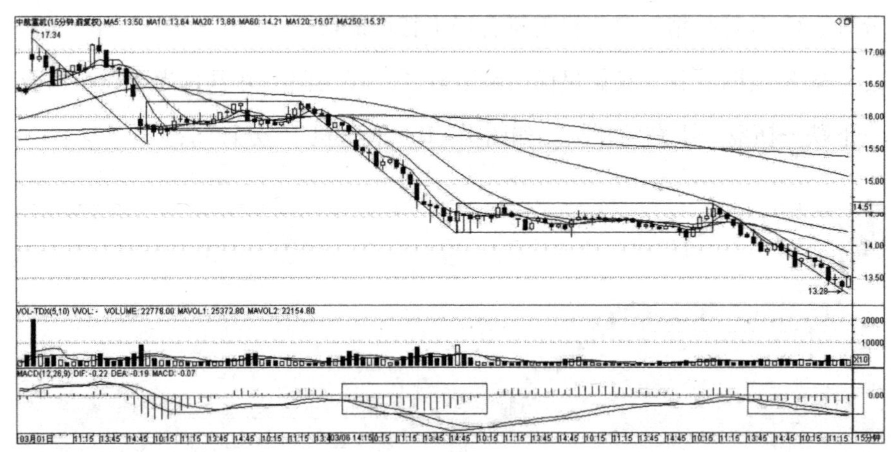

图 1－3

可以发现，在上图中，走势的第二次盘整之后的下跌，相对应的 MACD 向下的柱子无论是面积还是长短都比前一个下跌要小和短，并且两根线的高度比前一次下跌要高。而每次盘整区域的走势都会把 MACD 的黄白线拉到零轴附近。

符合以上走势特征的股票，在第二次盘整之后的下跌中，选择 5 日均线即将金叉 10 日均线时，或者 MACD 的白线向上拐头即将金叉黄线的时候买入。其后的走势百分之百会回到第二次盘整的区间内。如图 1－4：

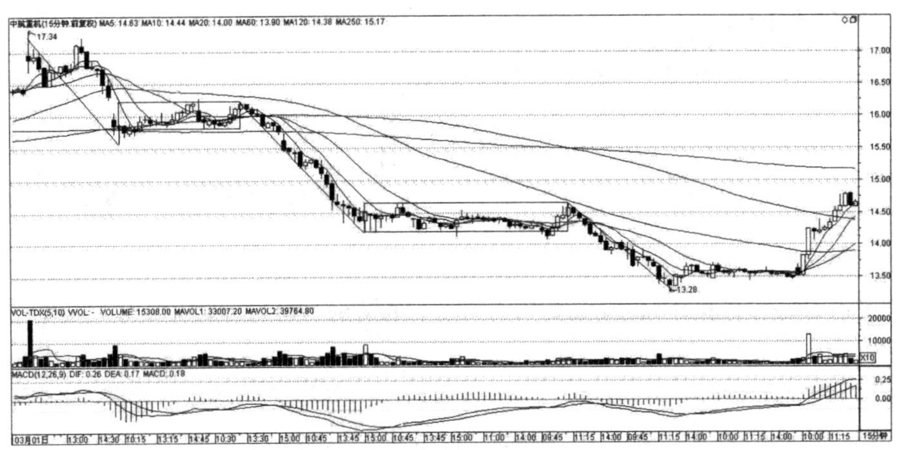

图 1－4

总结一下，这种买入方法是在某一段下跌的结束点买入，股票走势要符合以下特征：

1. 下跌的过程要符合下跌—盘整—下跌—盘整—下跌的特征；

2. 两个盘整的时间和空间相差不大；

3. 第二个盘整之后的下跌相较前一个下跌而言力度更小，力度更小的直观表现就是 MACD 的绿柱子面积更小、柱长更短、黄白线更高。

而买入的节点就是 5 日均线金叉 10 日均线、MACD 的绿柱子缩短到没有、MACD 的黄白线金叉。

再看几个例子：

[例1]

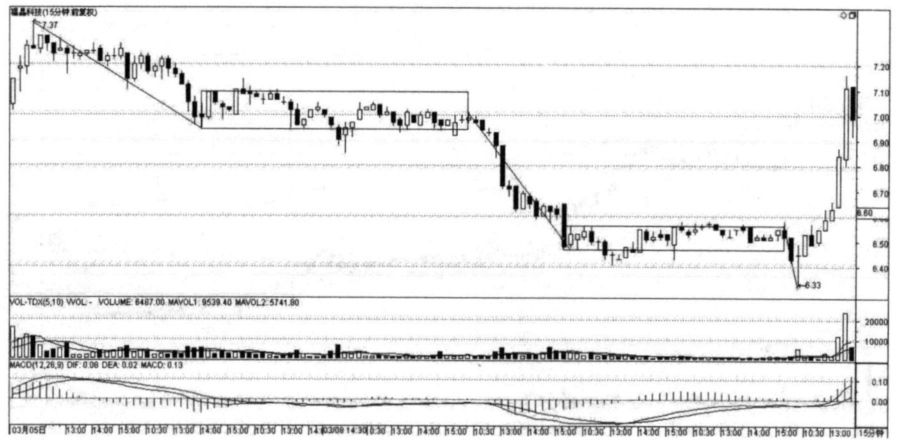

图1－5　福晶科技15分钟无均线走势图

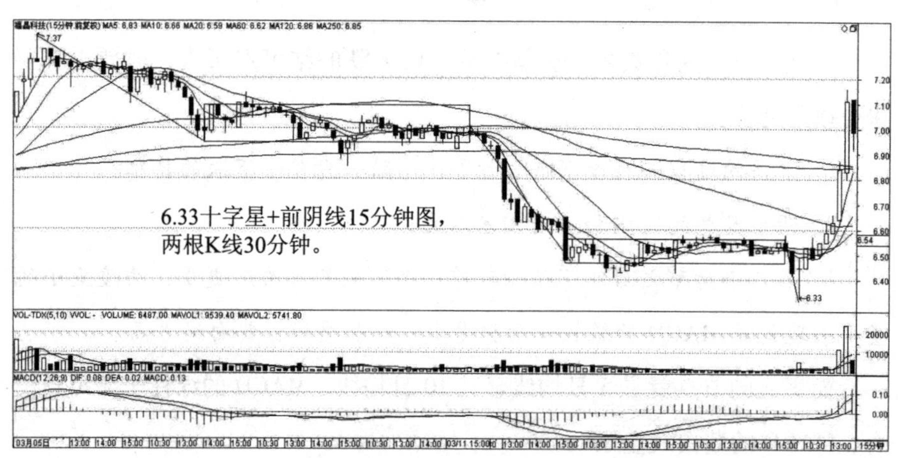

图1－6　福晶科技15分钟含均线走势图

在这个例子中，第二次盘整后的下跌几乎是一闪而过，但也有两根K线成30分钟的时间，这个时间是足够判断操作的。

［例2］

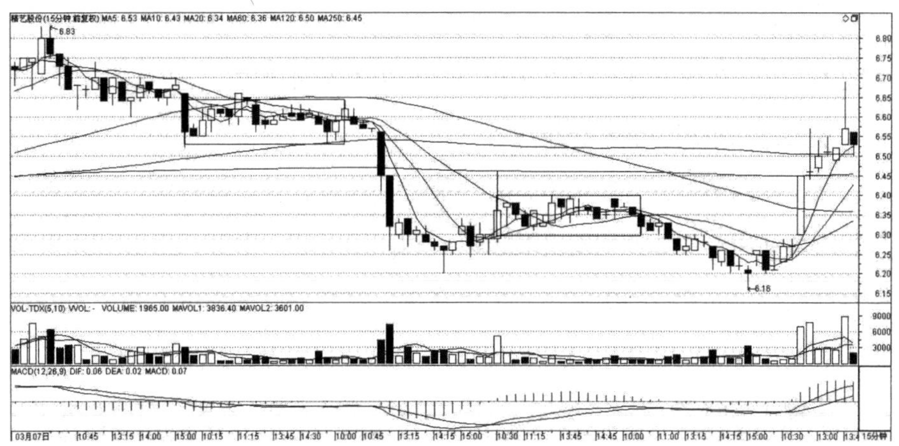

图1－7　精艺股份（002295）15分钟图

［例3］

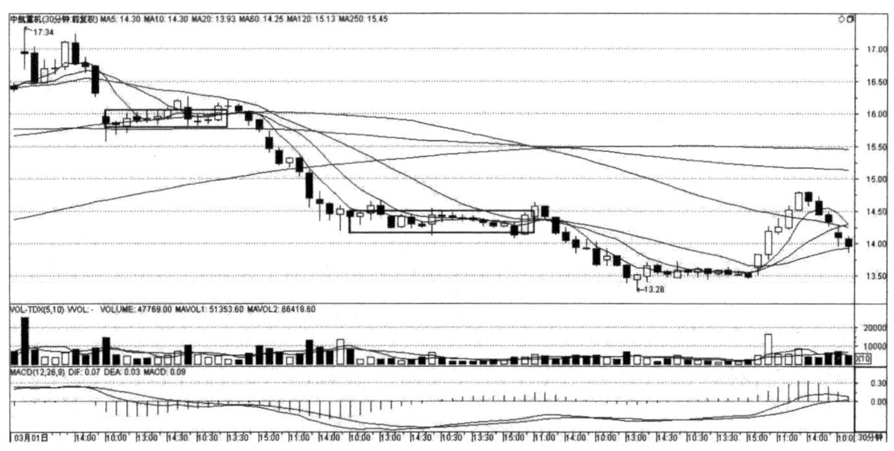

图1－8　中航重机（600765）30分钟图

■ 关于本节的一些说明

上面的方法非常简单，属于看图识字的幼儿班阶段，毫无炒股经验的人，只要够勤奋，都可以用这种方法来赚到利润，并且是毫无风险的这种方法的缺陷在于符合标准的图形并不太好找，当然这种方法的变形可以解决任何买点的问题，但那需要对本书后面内容更好地理解，这里先给出最简单易行的方法，不需要动太多脑筋，但需要动手。从这种层面上来看，在股市赚钱原来是个体力活！先干起来再说吧。上面是短线的操作，从买进到盈利一般不会超过三天。

从上面的图例也可以看出，有些股票涨得快，有些涨得慢，有的涨幅大，有的涨幅小，如何判断自然也会有相应的方法。本节只解决短线操作赚钱的问题，先把盈利确定了，至于多少、快慢，那在逻辑上是后面的事情了。

值得注意的是，周期越小，可能的盘整次数越多。比如1分钟的走势，可能在第三个、第四个盘整之后才出现背驰也是有的，那需要更精准的操作与更严格的判断方法。但在10分钟、15分钟、30分钟、日线上，基本不会出现两个以上的盘整，相对而言，10到30分钟的比较普遍一点，日线的就较少了。

二、必然盈利的中长线买点

中长线的买点指的是日线、周线、月线、季线行情图上的买点，与中短线买点一样，盈利是必然的，只是时间可能更长一点而已。必然盈利的中短线买点买进后，两三天的时间可能获利不到10%，当然运气好30%也说不定，而必然盈利的中长线买点进入后，盈利的空间很可能是数倍。二者的区别在于，劳动强度与盈利的快慢、多少是成正比关系的。

先从季线开始。将行情图设置成“不复权”，在一个季度为一根K线的图中，寻找符合以下特征的图形：

1. 之前的走势经历过上涨—下跌—上涨—下跌的过程，这样的循环可以有多个；

2. 目前的股价处于下跌中，并且这次下跌创造的低点比上一次下跌创造的低点更低；

3. 目前的下跌所对应的 MACD 绿柱子比前一次下跌要短、面积更小，对应的黄白线比前一次下跌时要高。

如果找到了，那么恭喜你，翻倍的黑马就在你眼前，你要做的就是买入，然后等待。

万科 A－000002

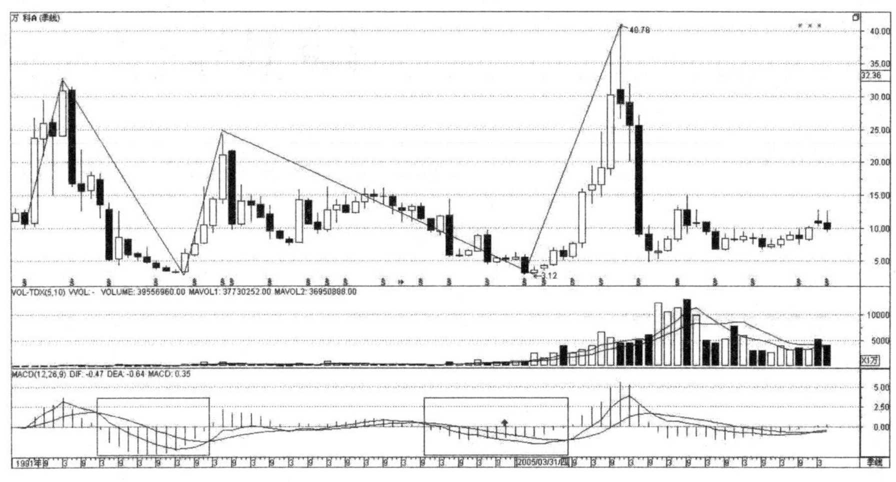

图 1－9

万科在 2005 年第二个季度创造出了 3.12 元的新低，与之相对应的 MACD 的绿柱子比前一个更短、面积更小，同时黄白线比前一个要高。其后的 10 个季度，即两年半的时间，股票的涨幅加上分红扩股填权带来的利润是 1300%。当然这里还涉及何时卖出的问题，后面会深入探讨，我们先找百分百盈利的买点，买了先放着，该学习学习，该吃饭吃饭。

这样的长线买点，同样适用于月线与周线，但级别越低稳定性越差。

再来几个例子：

号百控股－600640

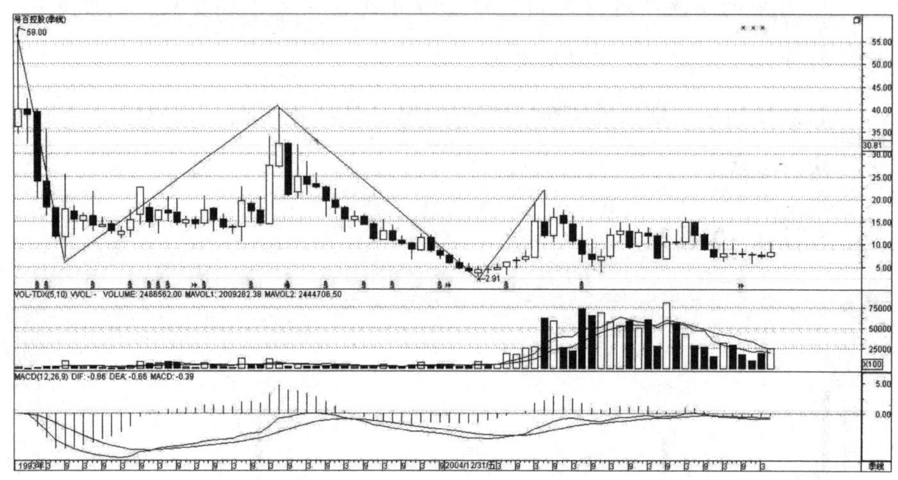

图1－10

平安银行－000001

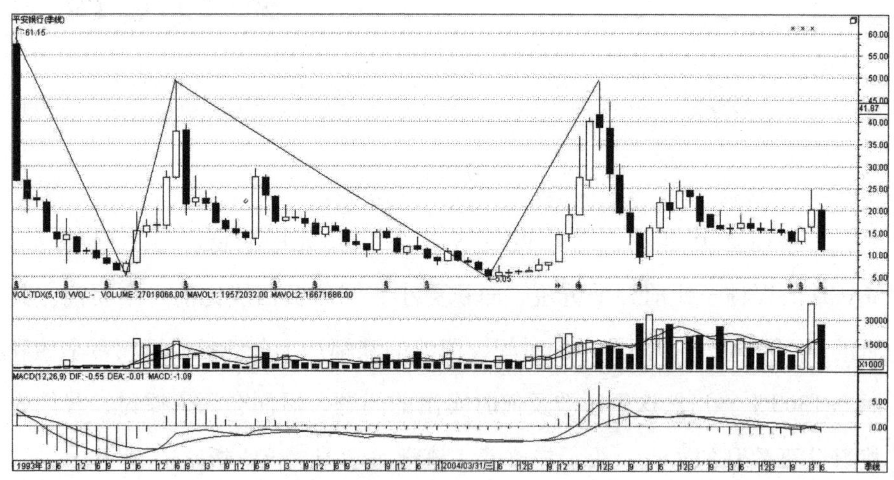

图1－11

深振业 A -000006

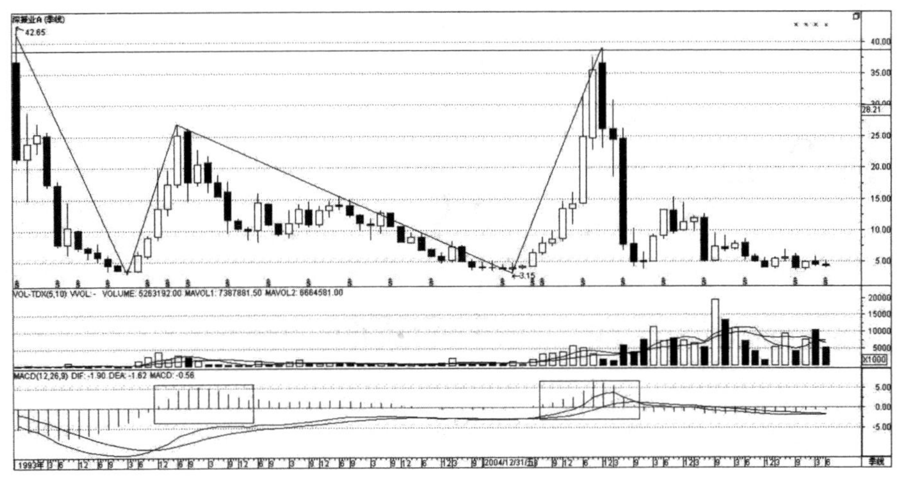

图 1-12

这种图例举多了很乏味，不再多举了，自己可以在老的股票里面找找，看看是不是所有符合特征的股票都是长线大牛股，如 000007、000017、000050、000012 等。

还有，看这种图是非常直观的事情，我不太喜欢把同一种句式的语言重复 N 次，所以后面的几个图都没有说明，但只要掌握了方法，看图是一目了然的事情。

至于什么时候卖出，最简单的判断方法是看上涨过程中的红柱子，当红柱子伸长到前面一次上涨对应的红柱子高度的时候，就要时刻准备清仓出局，再迟一点就是红柱子开始缩短的时候（如图 1-12 中所示）。精确的卖点需要本书后面的知识。下面举几个失败的例子。

深圳华强－000062

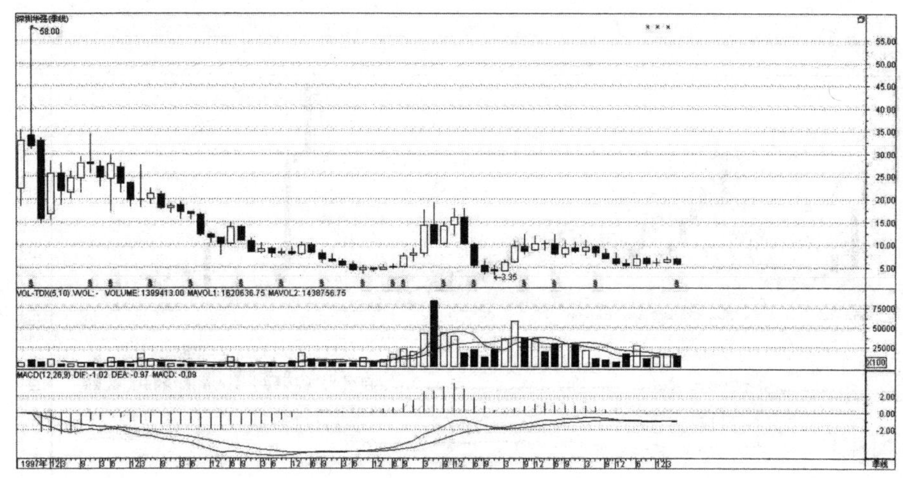

图1－13

该股同样创了新低，同样MACD绿柱子缩短，同样黄白线更高，虽然也有不小的涨幅（一年360%），但无论是从上涨的空间还是从上涨的时间上，都没有上面的那些大牛股来得空间大、跨度长。两相比较可以发现，该股在中间的那个上涨，相对于前面下跌而言，反抗的力度小得多，这涉及走势级别的问题，也会在下文中逐渐揭示。

但这种长线买点的盈利性是必然的，之所以说失败，是因为以季线为操作周期的利润率与时间不成正比。

再来一个周线的例子。同样把行情软件设置成“不复权”，然后寻找符合以下条件的股票：

1. 股价经过长期下跌，伴随着股价下跌的是MACD的黄白线长期运行在零轴以下；

2. 当前的走势由于股价的回升，MACD的黄白线已经走上零轴，并且柱子翻红；

3. 目前走势是一种横盘震荡，震荡的同时MACD黄白线浅浅地浮在零轴附近。

［例1］　常山股份－000158

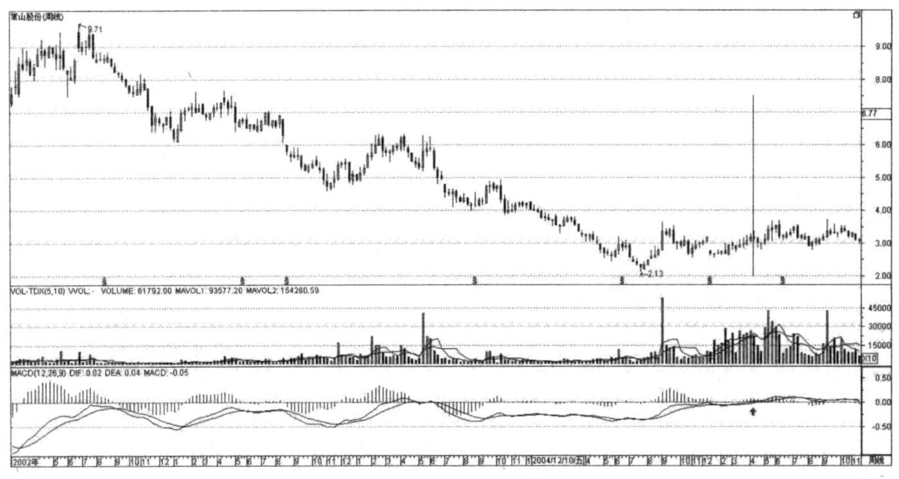

图1－14

图中黄线之前的走势，在9.71的高点跌下来之后，MACD一直在零轴以下徘徊，从图中可以看出曾经四次反击失败，而在黄线所在的那个横盘区域，MACD走上零轴，并且随着股价的横盘开始在零轴上方不远处悬浮波动。下图是全部走势：

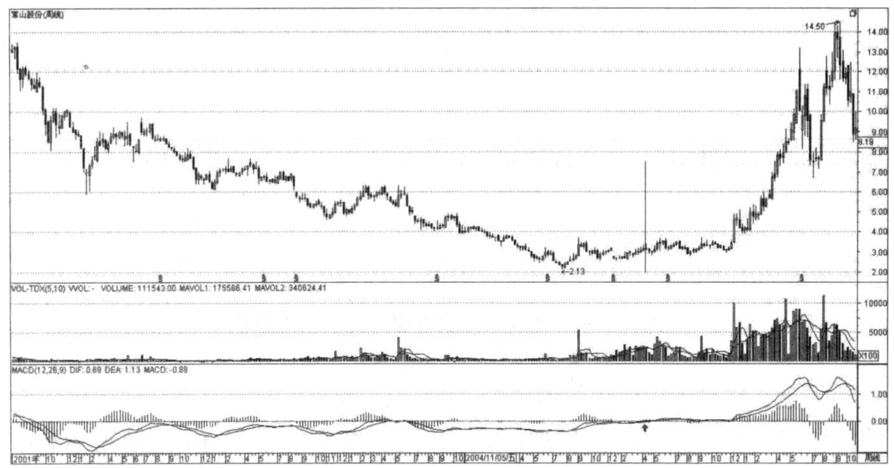

图1－15

［例2］　冀东水泥（000401）

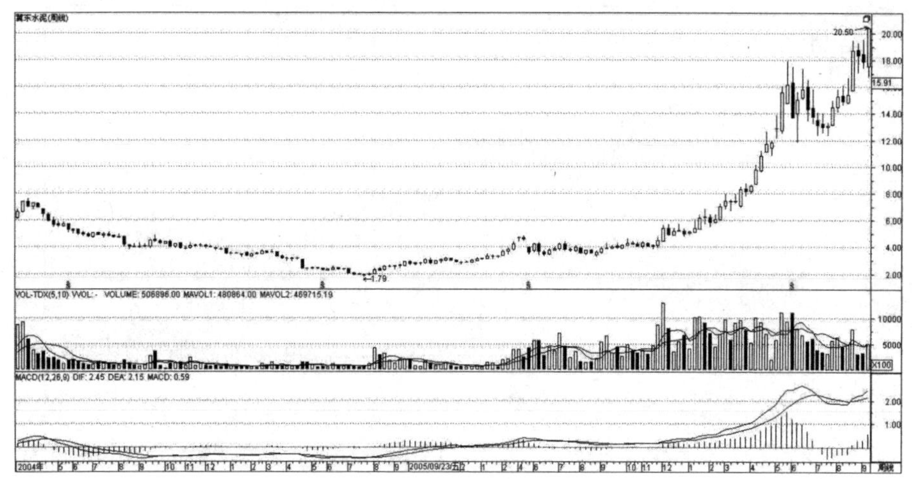

图1－16

图1－17　冀东水泥股价起飞之前的周线图

很多人在总结牛股走势的时候，会用已经涨起来的图形，而实际上那种图形对当下的操作并没有太大帮助，因为各种指标、图形随着价格区间的拉大而变形，上面的两幅图就是典型的例子。

这种周线级别买点买入的方法，要注意的是前期的下跌一定要是长期的，具体表现在 MACD 上，黄白线始终在零轴之下运行，并随着下跌过程中的反弹有让柱子翻红的时候。

再举几个例子，不用加文字说明了。

ST 泰复（000409）周线

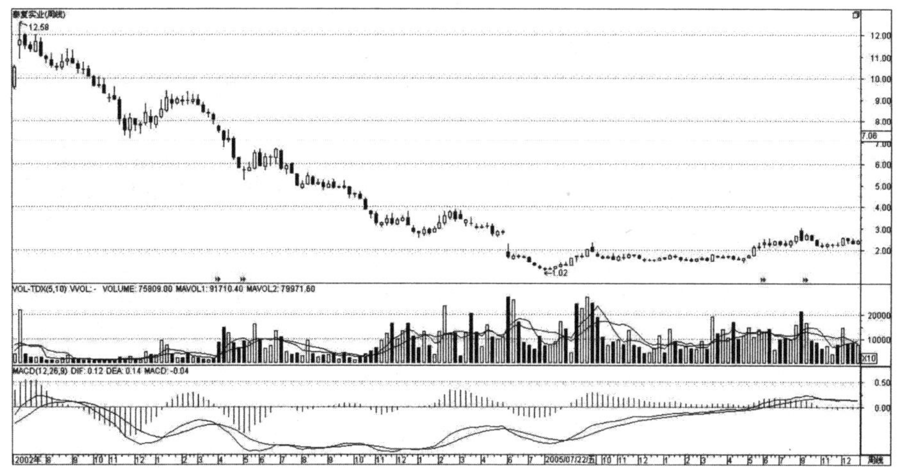

图 1－18

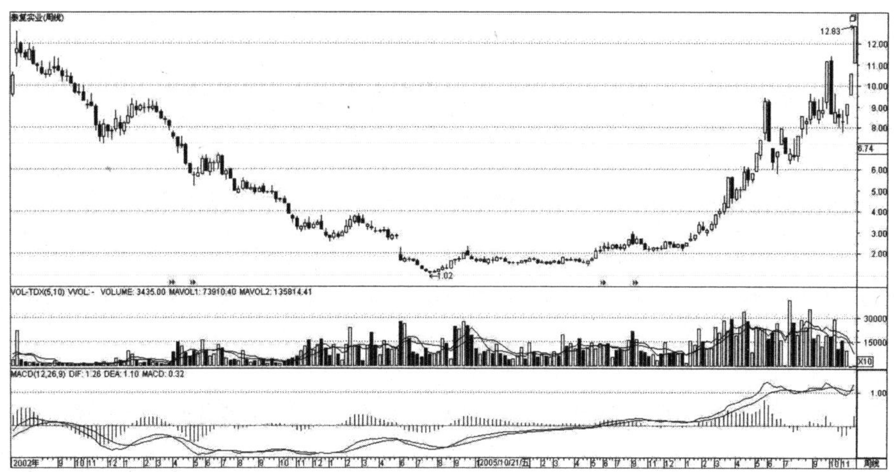

图 1－19

合肥百货（000417）周线

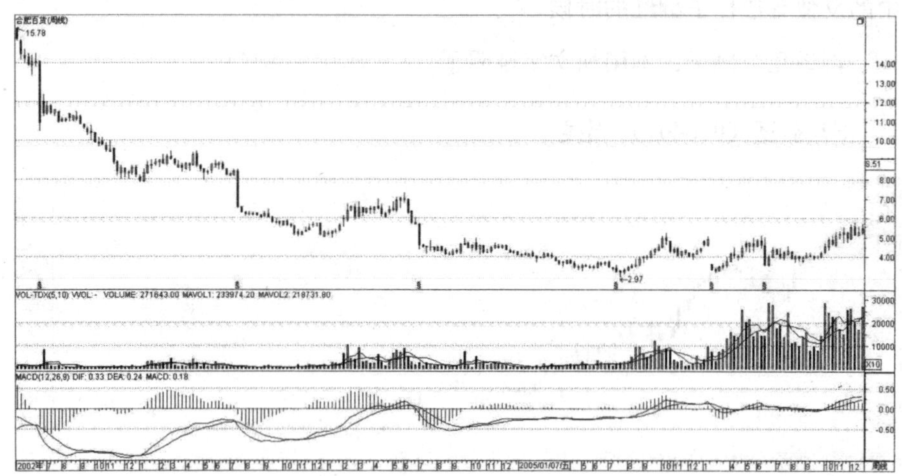

图 1－20

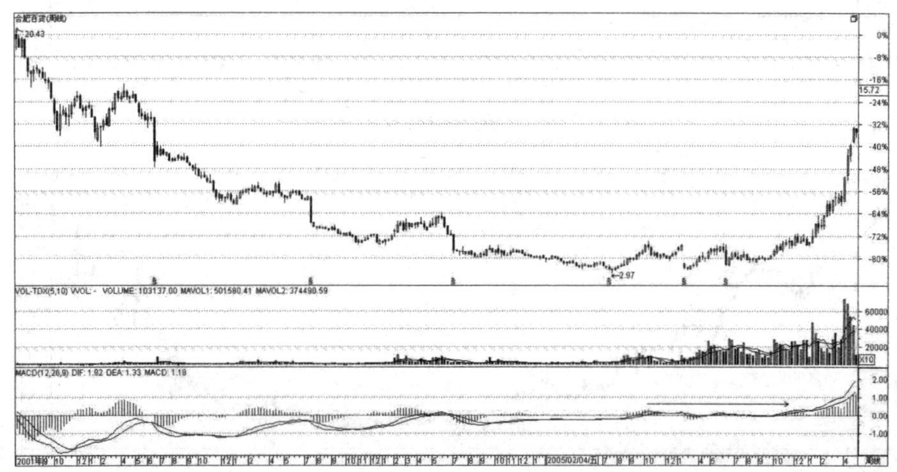

图 1－21

图不再举了，都是制式的，关于 MACD 的黄白线在零轴上方悬浮，有各种各样的形态，不一而足的，自己也可以找找看，当然最典型的就是上图中的两次回抽确认。还有一种是持续以横线的形式悬浮的。

三、盘整中的操作

股票的走势中，盘整的时间一定是占一多半的，不懂得如何在盘整中操作赚取利润，始终是不行的，总不能指望每天都在主升浪中。

盘整还有一个好处，可以让中长线的炒股降低成本。比如你可以在上面提到的季线、周线买点买入后，用一部分如 1/3 的资金在日线、30 分钟的盘整中不断来回操作，这样成本会越来越低。盘整操作好了，可以比上涨还赚钱。

照例，上图：

图 1-22　宝新能源（000690）日线图

方框内是个盘整区间，历时两个月，会操作盘整就可以在这两个月赚出利润来。

盘整的出现是可以当下判断的，也就是说走势走到了什么样的情况，就应该出现盘整了，有一整套的判断程序，不在这里讨论。简单一点的判断方法是：在中长线的买点买入后，股价缓慢向上推升的过程中，遇到前期的筹码集中区就很容易发生盘整。当然这不是绝对的，比如有些股票就选择连续地涨停冲过筹码集中区。总体而言，这一阶段发生盘整的概率是比较大的。

把行情图的时间周期调整到 60 分钟或者 30 分钟，具体是什么周期根据情况来，以呈现出下图中走势与 MACD 脉冲的一对一关系为准。

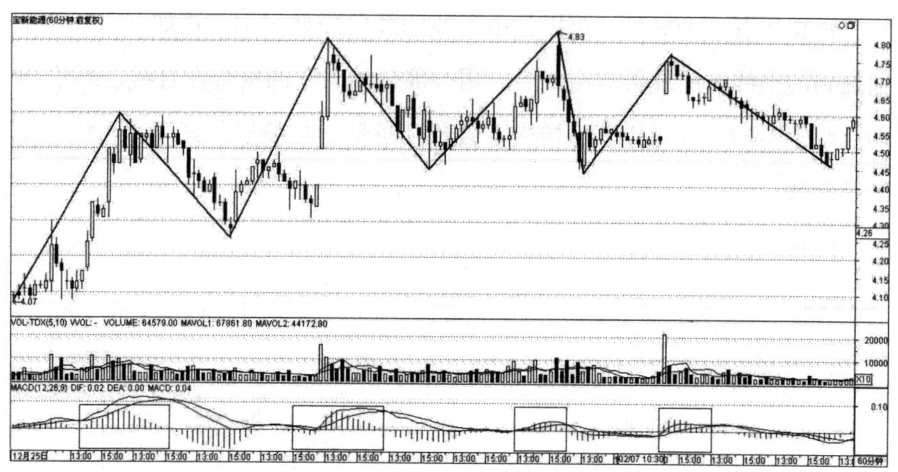

图 1-23

方法其实很简单，图 1-23 显示的就是图 1-22 中的盘整区间，注意第一个上涨与下跌所对应的 MACD 柱子和黄白线，后面的所有上涨在 MACD 红柱子与黄白线超过第一个的高度与面积之前，都要跌回；后面的所有下跌，在 MACD 绿柱子与黄白线低于第一个下跌的高度、面积小于第一个下跌的绿影前，都要再涨回。

这种方法是比较含糊的，相对于前面的两种，准确性与稳定性都差了很多，只是个大致的概念。如果遇到盘整的话，可以先按这种方法操作。这里还有个技巧性的问题，盘整就是价格在一定区间范围内波动，区间就有上限和下限，一般上涨到上限就下来了。

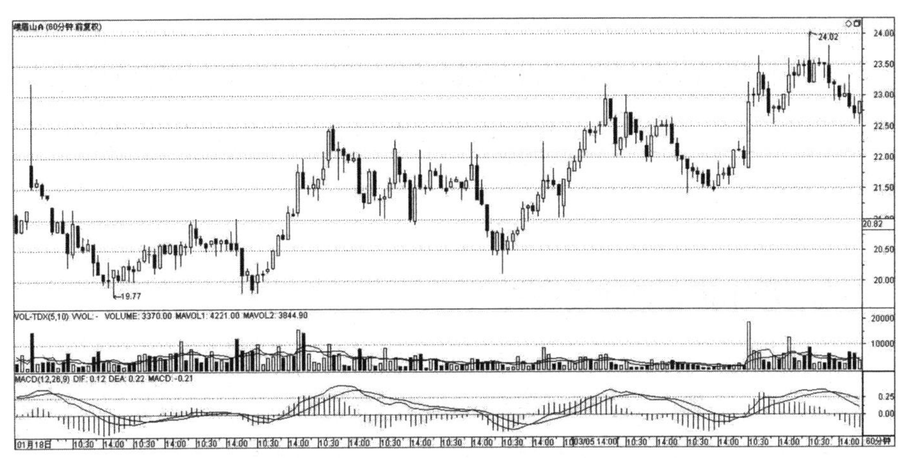

图 1－24　峨眉山（000888）60 分钟图

图 1－25　数源科技（000909）日线图

■ 关于盘整中操作与 MACD

上面关于盘整中的操作方法需要的技巧性更高，操作难度也更大，但在接触到精准化操作方法之前，这应该算是比较好的方法。如果要练习，可以用少量的资金来操作，通过实践来熟练运用。

MACD 的操作是要把红绿柱和黄白线并列起来看的，比如说遇到两个下跌，第二个下跌能够买入的条件是绿柱子面积更小，并且黄白线更高。

实际上，MACD是一种辅助判断的工具，反映的是走势的强弱，比MACD更准确的是均线，MACD的各项数值是均线二次加工之后的产物了。

四、中小资金迅速成长法

除了以上的集中方法外，还有一种适合资金量不大（百万以下）的高效操作方法，但这种方法不是很容易掌握，因为需要的技巧性非常高，即使是常年炒股的人也会有失误，不是非常适用于刚开始炒股的人。但我相信有天赋的人总会存在的，就先把方法说了，至于其中的道理在后面会讲到。还是那句话，先把钱赚着再说，对于天赋高、运气好的人，这种方法对资产的增值是最快的。

■ 缠论中的第三买点的特征：

1. 股票前期经过了长时间的下跌；
2. 目前走势已经突破前期的下跌通道，并回抽站稳；
3. 形成第二节中的走势，即股价回升一些，开始横盘；
4. 当前走势突破了横盘，并且回抽，回抽的低点在横盘上限之上。

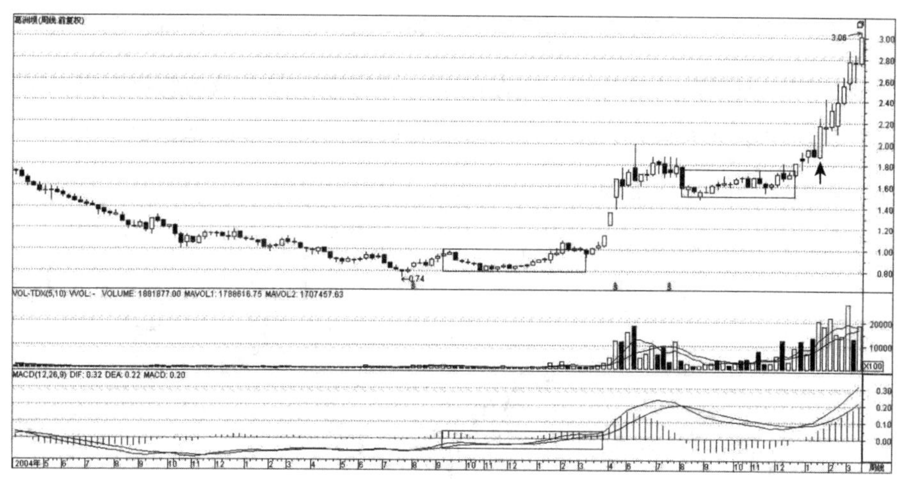

图 1－26　葛洲坝（600068）周线图

上图中，第一个方框区域构成本章第二节的中长线买点，MACD 回抽到零轴附近，并随 K 线的波动有二次回抽的过程，随后就是一波凌厉的涨势。在第二个方框区域，形成上涨之后的第二个盘整区域，并在图中箭头位置之前实现对盘整的突破，在箭头处有个下跌回抽，且低点在盘整区域之上，随后又是一波主升浪。考察第二个盘整区域的日线级别图形如下：

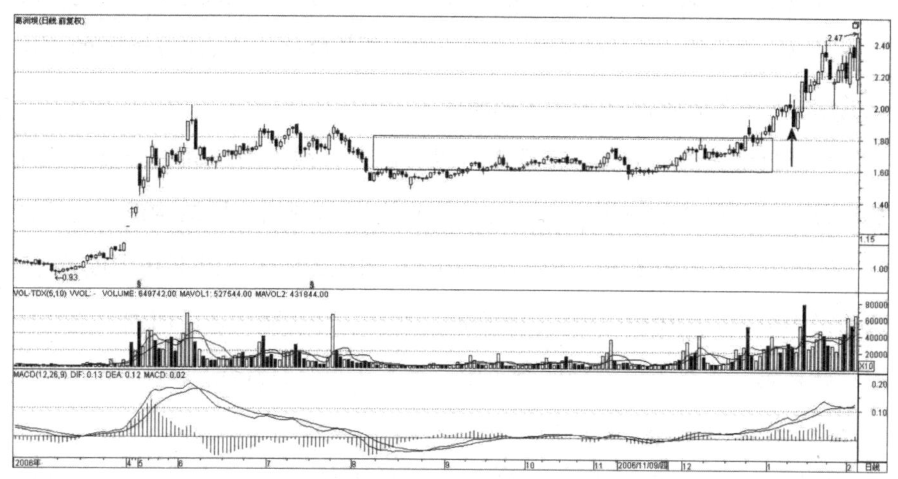

图 1－27　葛洲坝日线图

在日线图中，可以清楚地看到盘整的区间与箭头处的回抽，但是仅仅有以上的图形特征是不行的，因为在实际走势中，假突破的情况是非常多的，如何识别是不是假突破，就是看突破后的回抽，继续考察回抽时的力道，将图形再降一个级别。

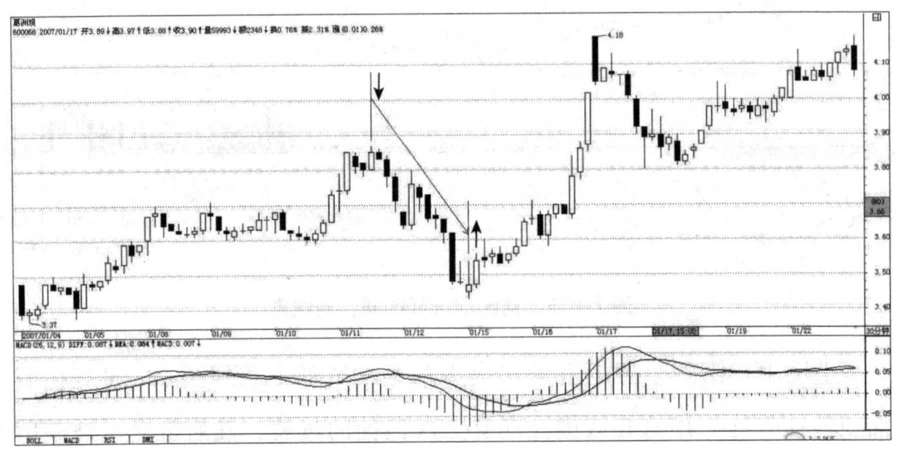

图 1－28　葛洲坝 30 分钟图

上图中两个箭头之间，就是葛洲坝 2007 年 1 月 11 日、12 日、15 日的下跌 K 线 30 分钟图，也就是图 1－27 中那个箭头处的三根 K 线。可以看出，日线上的突破回抽，在 30 分钟图中呈现出明显的三段走势，对于图 1－28 来说，是下、上、下三段。我们再继续考察这一段 30 分钟图的更细化的结构——5 分钟图（见图 1－29）。

从经过细化的 5 分钟行情图中可以看出，日线上对前面一个盘整区间的突破回抽所形成的三根 K 线，在 5 分钟上是呈现出三段结构的。观察这 5 分图形的三段可以看出，第二段的下跌力度比前面一段下跌力度要小，这通过 MACD 的绿柱子长短与面积可以确定，而这种突破后回抽形成的低点，就是第三类买点。上面的例子中，第三买点是日线级别的。

■ 关于第三类买点的总结

我们先对上面的例子做一个总结，然后再举一些例子，希望读者能够在看图的过程中加深理解。

图 1-29 葛洲坝 5 分钟图

这一类买点在传统的炒股技术中同样也是重中之重，因为这种突破回抽确认后的涨幅往往迅猛而巨大，在短期内获利丰厚。但在传统的技术中，这一类突破回抽的买入几乎无法避免假突破的情况，而越是经典的图形用来骗人就越有效，所以正常情况都需要依靠止损来被动防御。也就是说，在回抽中买入后，定下止损线，比如回跌到盘整区间内三分线就表示这是假突破，就要作清仓处理避免更大损失等。

在上面的方法中，一个日线级别的突破回抽，通过对这回抽的不断细化，考察其更为精细的内部结构，从而把握回抽的低点，再考察这个低点的位置是否回到盘整区域之内，就可以判断出本次回抽是否有效。有效则买入，无效则放弃，是不存在需要止损的问题的。

但有一种情况必须说明，在大势较好的前提下，第三类买点后面往往有至少 20% 的利润，主升浪常常由此展开；而在大势较暧昧的情况下，往往会出现更大的一个盘整。但无论哪一种情况，盈利都是必然的。

回顾一下这种买入方法：

1. 股票经过长期的下跌后回升；

2. 在回升的过程中形成一定跨度与区间的盘整；

3. 对盘整的突破有个回抽确认的过程；

4. 这个日线上的回抽确认，表现在30分钟图中将有至少a+A+b三段走势，或者“下+上+下”，或者“下+平+下”；

5. 继续细化回抽的30分钟图，在5分钟或者15分钟图上对比b段与a段，通过MACD辅助判断，当b段的下跌力度小于a段时，根据5日线与10日线的金叉以及MACD黄白线的金叉买入。

关于日线、30分钟线、5分钟线这样的对应关系，并不是一成不变的，以看得更清楚为准。比如5分钟线上波动得多些，看起来就复杂一些，MACD也不会表现得很干净；而在15分钟线上，MACD非常明显地分别对应三段走势，那就根据15分钟的来，不影响判断结果。

可能有人会发现a+A+b的走势与第一节中短线买点的a+A+b+B+c结构相似。事实上，在回抽过程中，两种情况均有机会出现。如果是第二种情况，就根据第一节的操作方法确定买点。下面再举一些例子：

［例1］

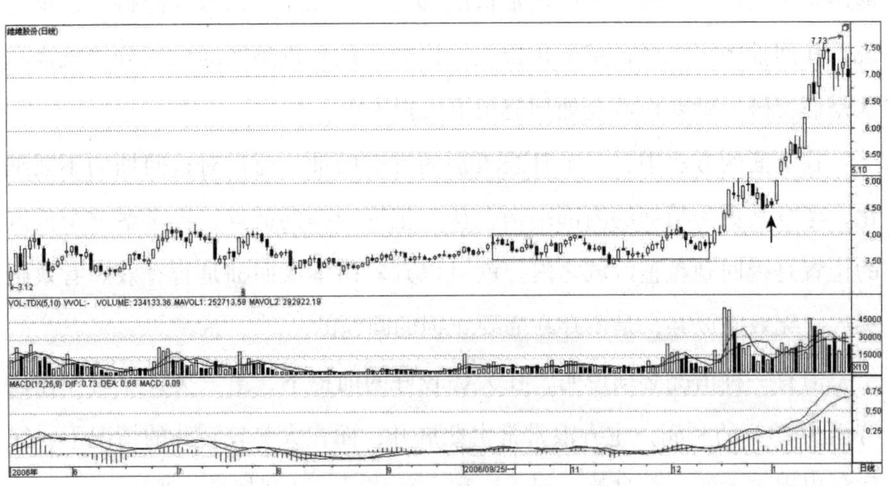

图1-30　维维股份（600300）日线图

图 1－31 维维股份箭头前面一个高点开始的下跌过程 30 分钟图

图 1－32 维维股份更加精细化的 15 分钟图

图 1-33　维维股份稍显复杂的 5 分钟图

［例 2］

图 1-34　中国武夷（000797）日线图

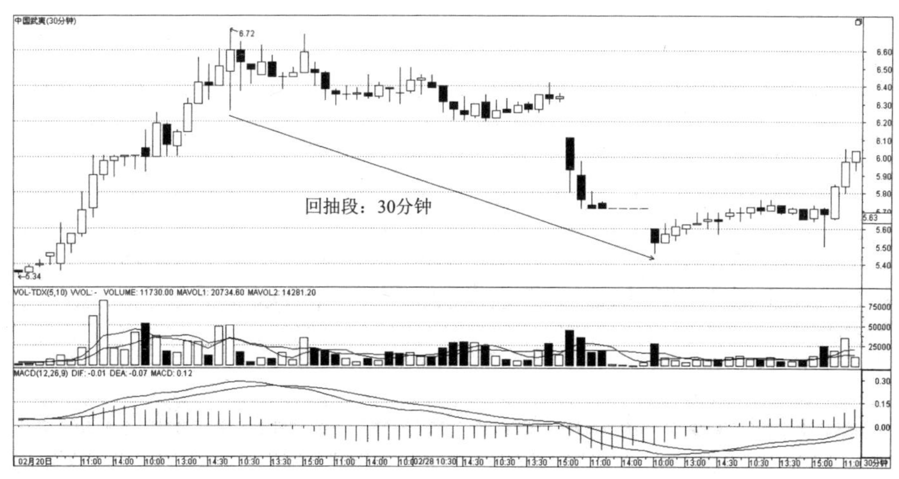

图 1－35　中国武夷回抽段 30 分钟图

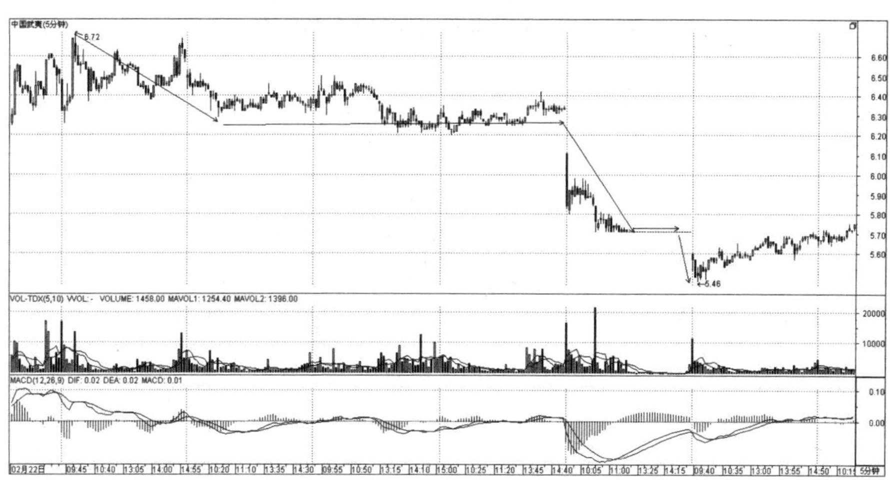

图 1－36　中国武夷回抽段 5 分钟图

上图是个比较特殊的例子，涉及两段盘整与下跌走势的级别问题。把上图的走势总结成 a + A + b + B + c 的形式，a 与 b + B + c 是同等级别的走势，b 与 c 是同等级别的走势。与之前的例子略有不同，可以先体会其中的区别，具体的分析后面会涉及。

［例3］

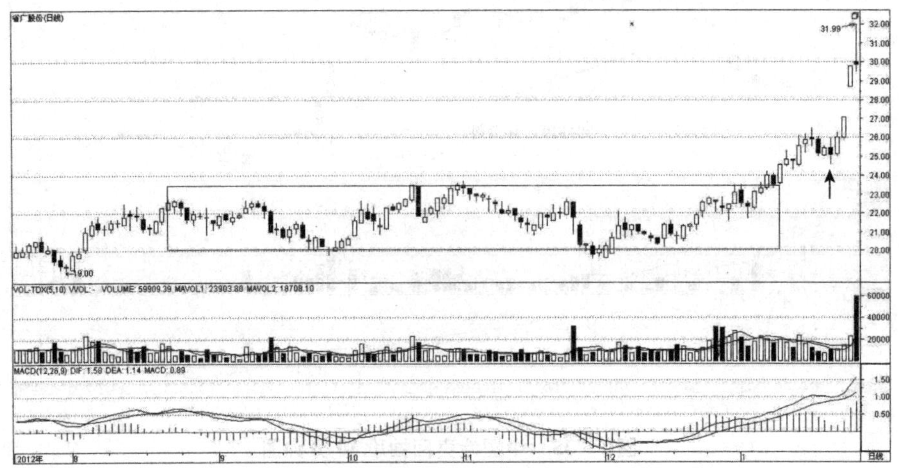

图1－37　省广股份（002400）日线图

图1－38　省广股份回抽部分的30分钟走势图

图1－39　回抽部分的15分钟走势图

［例4］

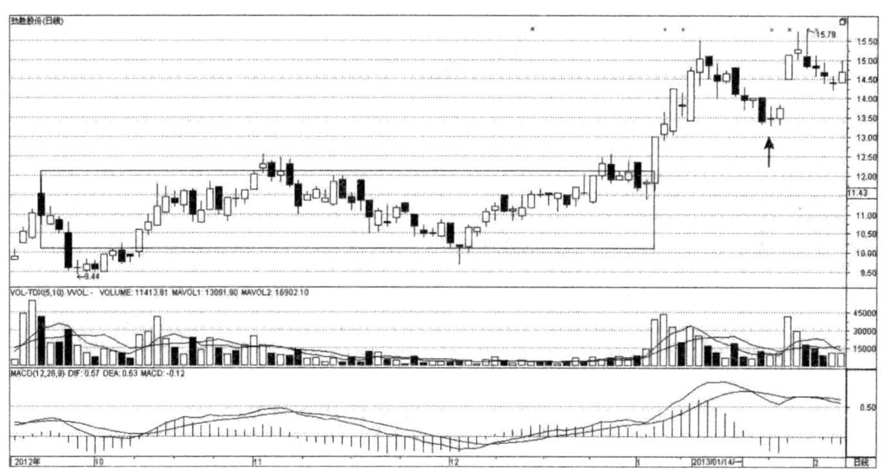

图1－40　劲胜股份（300083）日线图

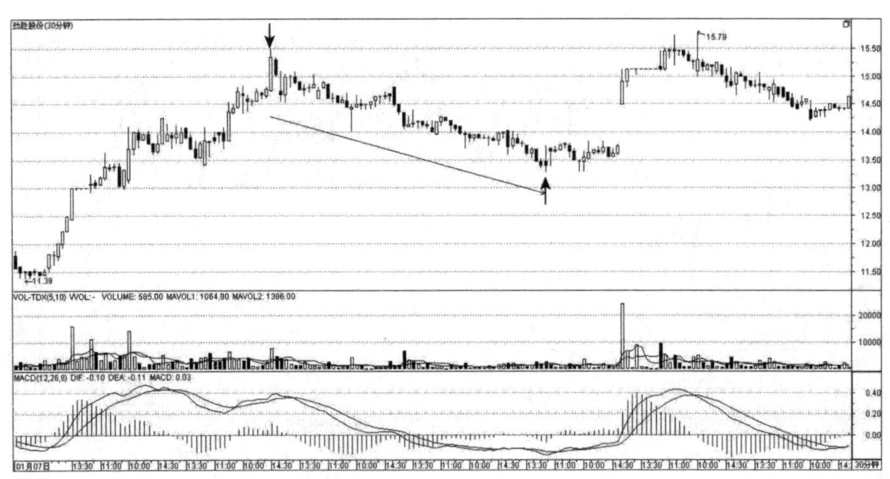

图 1－41　劲胜股份回抽部分的 30 分钟走势

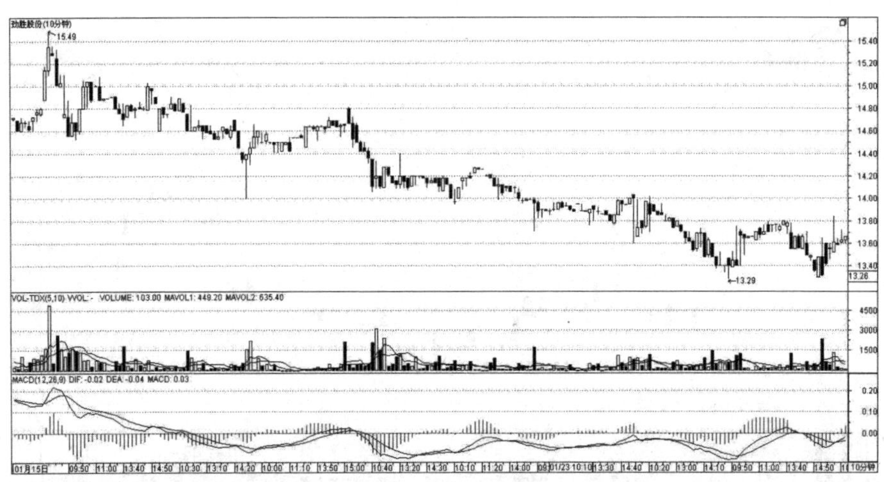

图 1－42　劲胜股份回抽部分的 10 分钟走势

［例5］

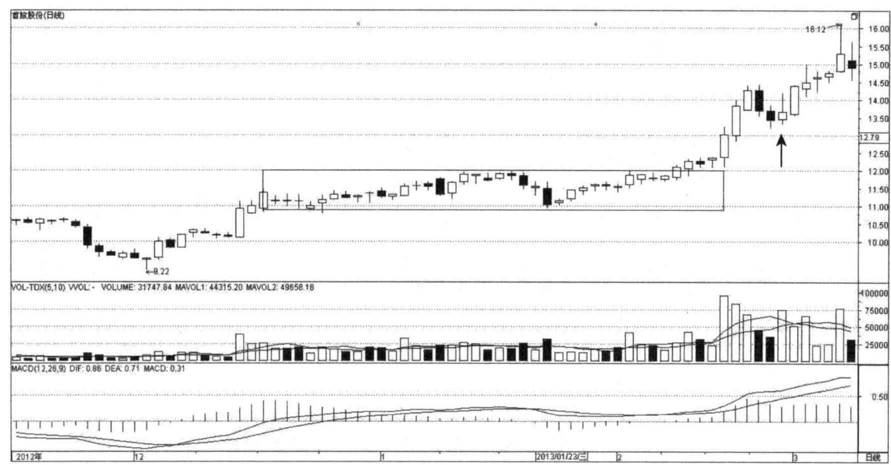

图1-43　首旅股份（600258）日线图

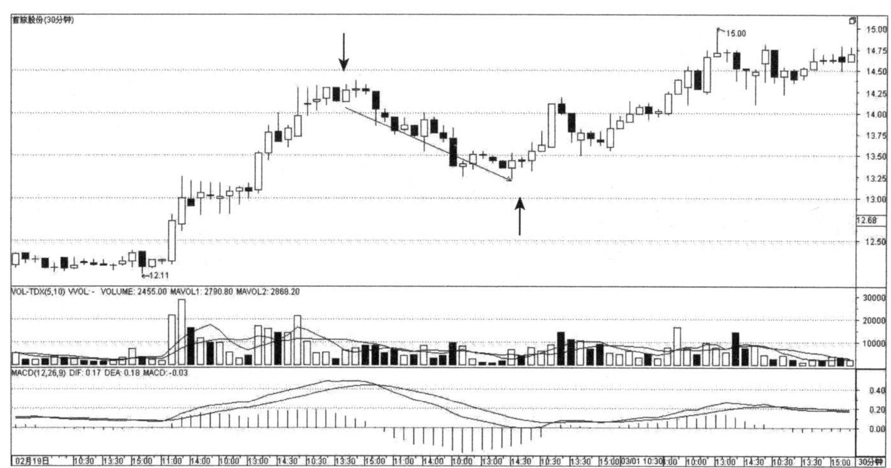

图1-44　首旅股份回抽部分的30分钟走势图

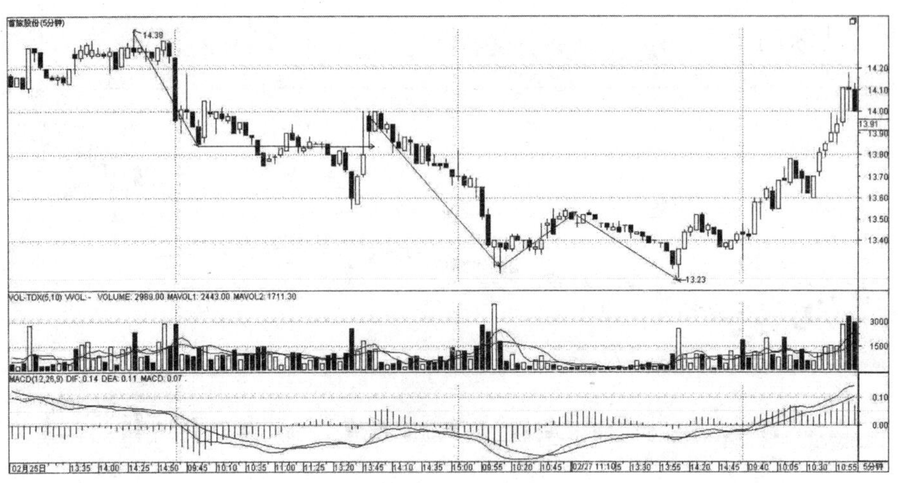

图 1－45　首旅股份回抽部分的 5 分钟走势图

［例 6］

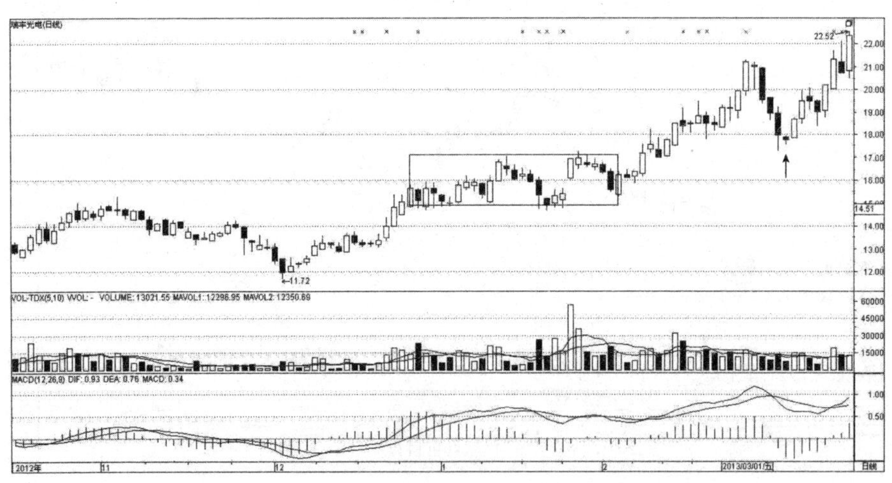

图 1－46　瑞丰光电（300241）日线图

图 1－47　瑞丰光电回抽部分的 30 分钟走势图

图 1－48　瑞丰光电回抽部分的 15 分钟走势图

与前文中介绍的操作方法一样，都是制式的图，这种类型的买点图就不多上了，但有个特例要说明，也就是上文中说的第三买点后不是主升浪，而是转化成更大规模的盘整的情况，这是买点之后可能发生的情况之一。如下图：

［例7］

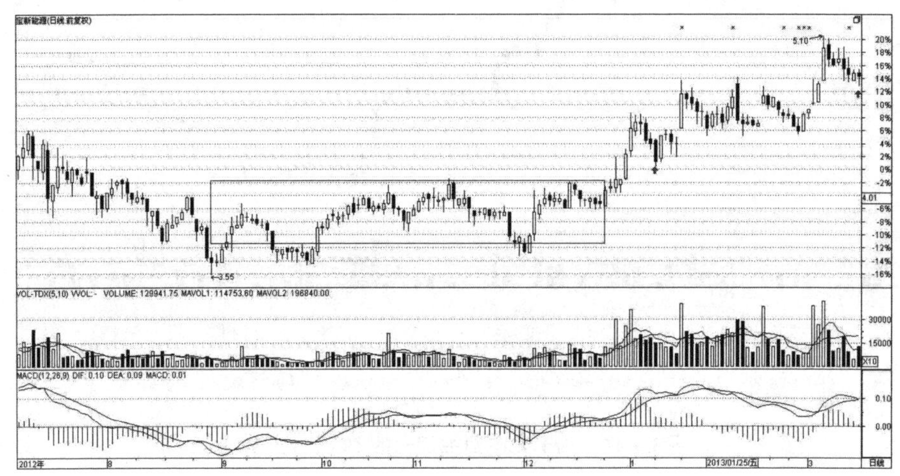

图1－49　宝新能源（000609）日线图

图1－49中，2013年1月11日，完成对前面盘整区域的突破、回抽、确认，其后出现了新的一个盘整。再往后面看，3月18日，形成对新的盘整的回抽确认，这个回抽，目前来看是有效的，那么短线就应该买入。

图1－50　宝新能源从5.25元开始的下跌回抽部分30分钟走势图

五、下跌 + 盘整 + 下跌

下盘下的形态，是缠论中最基础的形态之一，其意义几乎包含了走势类型部分的所有原理。

图 1 - 51

图 1 - 51 是 300435 中泰股份 2015 年 12 月 25 日—2016 年 3 月 9 日的 30 分钟走势图，图中，走势明显地分为三段：第一段下跌，第二段盘整，第三段下跌。从 MACD 来考察，第三段明显背驰，构成标准的 30 分钟级别下跌 + 盘整 + 下跌结构。

将图 1 - 51 进行分解，并分析如下：

图 1－52

在 30 分钟 K 线图的视角下，图 1－52 中，1—2 构成 30 分钟级别下跌，2—5 构成一个大的盘整，5—6 构成 30 分钟下跌，这样就在 30 分钟图上，构造出一个下跌＋盘整＋下跌的走势结构。

需要注意的是，在 1—2、2—3、3—4、4—5、5—6 各段中，均有至少一次将 MACD 黄白线回抽零轴的过程，这些回抽在图中都用箭头标示出来了。

而在该 30 分钟下跌＋盘整＋下跌的区间，其日线级别走势是个日线图上的下跌：

同样的走势，在 30 分钟与日线图中，其表现形式是不同的。由于每日 K 线包含 8 根 30 分钟 K 线，在细节上，小级别的图形能够体现出比高级别图形更加细致的走势。

仍以中泰股份为例，在 30 分钟图中，MACD 的黄白线上下缠绕，对于 1—2 段与 5—6 段的 MACD 黄白线高度，以及对应的绿柱子，需要在 30 分钟上各自全部加起来后才能比较，看起来比较复杂；而在高级别图中，其 MACD 的比较是一目了然的，如中泰股份的 30 分钟与日线图形所对应的 MACD。

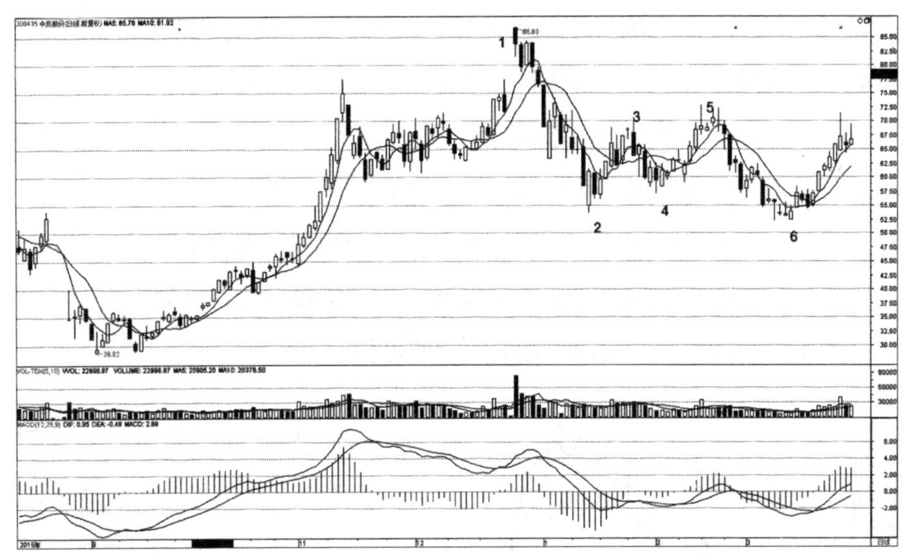

图 1－53

对于一段走势而言，通常的，将其中有至少一次 MACD 黄白线回抽零轴动作的走势，称为本级别走势。如在中泰股份的两幅图中，对于日线，1—6 之间，2—5 区间的 MACD 黄白线两次回抽零轴，所以在日线图上，1—6 是一个下跌走势。而在 30 分钟图中，1—2、2—3、3—4、4—5、5—6 各自走势段中，都有至少一次黄白线回抽零轴，所以在 30 分钟图中，是 5 段走势。

这种买入方式，理论上所保证的后续走势，是一个与 1—2 或者 5—6 类似的上涨走势，至少向 2 位置进行回抽，而在上面的分析中，1—2 或者 5—6 类似的走势，其在 30 分钟图上，MACD 的黄白线必须有至少一次回抽零轴的过程。这样，整个走势就有两次可供安全买入的机会。

第一个，是 5—6 段的低点，从日线图（图 1－53）中观察，5—6 段是 1—2 段的背驰段。而在 5—6 段中，其 30 分钟 K 线图（图 1－52）中，明显地可以分为三段：第一段带着 MACD 黄白线向下远离零轴，第二段带着黄白线回抽零轴，第三段再次带着 MACD 远离零轴。但这第三次，MACD 黄白线远离零轴的幅度，以及相应的绿柱子长度，都不如第一段，构成标准的背驰式下跌。再细致地观察，在第三段的内部结构中，MACD绿柱子有着伸长、缩短、再伸长的动作，第二次伸长的长度与面积都不如第一次，所以这又是第三段内部结构中的背驰段，所以6这个点位，就构成了背驰段中的背驰段，这是较为精确的第一个买点。

第二个，在30分钟图（图1－54）中，黄白线随着上涨向上远离零轴后，第一次回抽零轴构造的低点构成第二个安全的买点，因为后面至少还有一次上涨把黄白线带着向上远离零轴的走势。

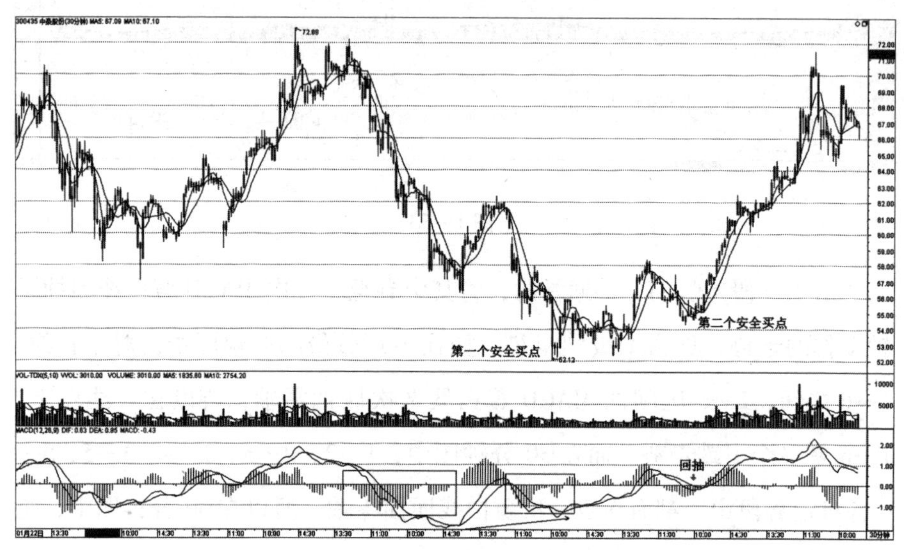

图1－54

而在601989中国重工的30分钟图中（2014年10月14日—11月21日），与中泰股份类似的图形，其意义是不同的。

同样可以分解出30分钟图中的下跌＋盘整＋下跌，但与中泰股份同类型图形相比，其盘整段（图1－55中2—3段）与两次下跌段，其级别是一样的。在中泰股份中，30分钟图（图1－52）中的盘整段，由三段构成，其中每段中都有MACD黄白线回抽零轴的过程。而在中国重工的30分钟K线图（图1－55）中，1—2段经历了一次MACD对零轴的回抽，2—3经历了两次，3—4经历了一次。所以，这是30分钟级别的下跌＋30

图 1 –55

分钟级别的盘整 +30 分钟级别的下跌。而中泰股份类似结构的图形，是构成 30 分钟级别下跌 + 日线级别盘整 +30 分钟级别下跌，二者图形相似，但有着本质的不同。

如中泰股份的结构中，在 6 位置，只能保证一个如 1—2 或者 5—6 在 30 分钟图上一样结构的上涨或者盘整向 2 位置回抽，是否一定能够上涨到 2 位置是不确定。而在中国重工的图中，后续走势，如中国重工 30 分钟的 1—2 段、2—3 段、3—4 段同样级别的上涨，一定至少回到 2 位置。

中国重工是 2014 年笔者实际操作过的案例图形，之所以拿出来讲解，是因为从 5.66 元开始，在 30 分钟图中，该股就开始完美演绎神奇数字（斐波拉契数列）的神奇，作为本节的题外话，简单说下。从 5.66 元开始，30 分钟图中，从第 8 根 K 线开始第一波上涨，在第 13 根 K 线开始正式横盘，横盘总数 21 根，然后在第 34 根 K 线再次上冲，而在那 21 根 K 线构成的盘整中，最高点恰恰就是第 17 根 K 线，随后在第 55 根 K 线回抽调整结束再次上涨，在第 233 根 K 线附近上攻不能创新高进入大盘整，该大盘整在第 610 根 K 线后结束，最终在第 987 根 K 线见顶 20.19 元。还可以看到历史 K 线图的，可以去看下，很有意思。

六、下盘下与历史性底部

对于下跌加盘整加下跌的走势结构，短线就可以选择 5、15、30 分钟级别，中线就可以选择 30 分钟或者日线级别，而一旦在周线上出现这种走势结构，往往都意味着一个中长线的大牛股在招手。对于周线级别而言，这种结构恰恰正是判断熊市结束与大牛市开始的重要结构之一，而且可以断言，一旦深指或者沪指在周线级别图中出现下跌 + 盘整 + 下跌的走势结构，一个历史性的大牛市即将开始。对于中国股市而言，这种结构有着极具代表性的历史意义，中国股市成立以来，几乎所有的大底，都是由沪指或者深指的相同走势结构完成。

打开沪指的周线图，1993 年 2 月 19 日那一周高点开始，到 1994 年 7 月 29 日结束，一个标准的周线级别下跌 + 周线级别盘整 + 周线级别下跌构成的 abc 式走势结构，在 333 点完成背驰段的区间套底背驰。

图 1 – 56

如图 1－56 所示，1—2 构成周线级别的下跌，2—3 构成周线级别的盘整，3—4 构成第二段下跌。从 MACD 可以观察到 3—4 段的下跌力度明显比 1—2 段小，而在 3—4 段中，600 点附近横盘前后的下跌，后一段的力度更小，由此构成背驰段里的背驰段。这种不断缩小背驰段区间的方式，就是缠论里所谓的区间套定位，后面是跨度达七年之久的大牛市，一直到 2001 年见顶。

同样是沪指的周线级别 K 线图，2001 年 6 月 15 日 2245.43 点到 2005 年 6 月 10 日的 998.23 点，同样一个标准的周线级别下跌＋盘整＋下跌的走势结构，构成第二个历史性底部。

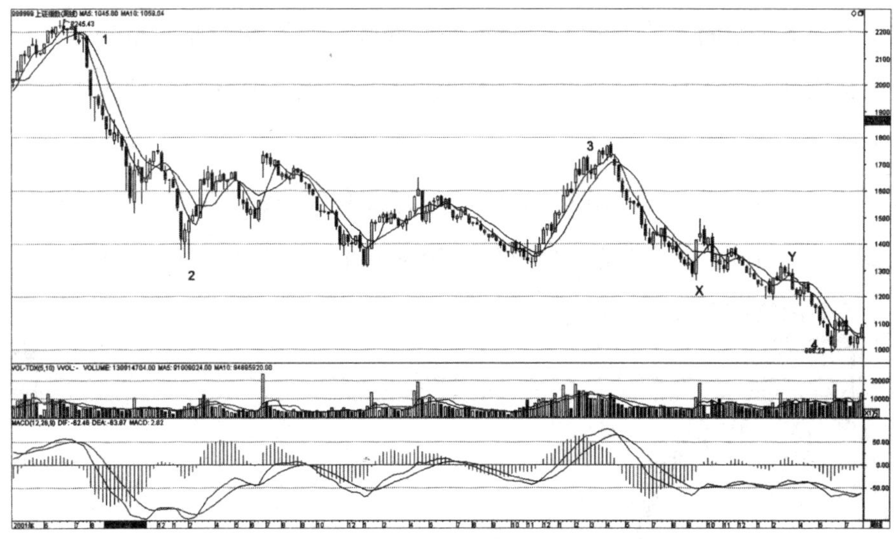

图 1－57

如图 1－57 所示，3—4 段是 1—2 段的盘整背驰段，一样的区间套定位方式如下：从 3 开始的下跌，在 X 位置创新低，相应的 MACD 绿柱子与 1—2 段比更短，面积也更小，同时根据上文中盘整操作的分析方法可以知道，3 开始的下跌，比前一段下跌的力度更大，所以继续等待底背驰的形成。X—Y 是个比 2—3 段级别更小的盘整，同时 Y 位置对 2—3 盘整区间构成第三卖点，随后继续下跌。这时，将 3 开始的下跌与 1—2 段比，已经假设 3—4 段进入背驰段，虽然这时 4 还没有走出来，但也不妨这样假设，从而在 3—4 段的演化中去精确定位符合区间套的背驰段。

Y 之后的下跌，相对于 3—X，是个力度更小的下跌走势，进而将顶部开始的下跌底部精确在 Y—4 之间。从 Y 开始的下跌判断，与从 3 开始的下跌判断是一致的，也是先假设进入背驰段，如果下跌力度大，那么 MACD 上就会反映出来，在此之前，都将从 Y 开始的下跌作为 3—X 段的盘整背驰段处理。

Y—4 的下跌段，在周线图上已经看不到更多细节了，具体的处理方法和上面是一样的，也就是在日线、30 分钟、5 分钟，甚至 1 分钟图中不断地通过区间套的方法去寻找最终的底部。而实际的操作布局上，一般精确到日线就足够了，在 4 位置就知道，后面一定有起码日线级别的上涨。

深指周线图，从 2010 年 11 月 12 日那根 K 线开始，到 2014 年 3 月 21 日，一个似曾相识的走势结构构造了 2014 年牛市的大底，这是中国股市技术形态的第三个历史性大底。

图 1－58

与前面的分析是一样的，7 位置由于仍然在 2—5 之间的盘整区域，所以还不能认为 6 位置是底部。从图 1 - 58 上看，5—6 段有着明显的三段结构，第三段的力度更大，所以这并不构成符合区间套原则的底部。只有在 7 位置之后，7—8 段的下跌，无论与 5—6 段相比，还是与 3—4 段相比，抑或与 1—2 段相比，都是标准的盘整背驰段，而 7—8 段自身的内部结构如下：

图 1 - 59

周线图（图 1 - 58）上的 7—8 段，在日线图上可以细分出 5 段来，图 1 - 59 的 1—2、2—3、3—4、4—5、5—8 分别是这 5 段的具体结构。3—4 段明显力度更大，所以要等 3—4 段本身底背驰后再上来，然后再次下跌去构成背驰段，5—8 段的背驰就很明显了。在 5—8 段中，6—7 盘整将走势分为三个部分，7—8 段的背驰就太标准了，进而从周线图到日线图，再到日线的次级别图形，将最终的底部定位在 7—8 段内。而在 7—8 段本身的内部，通过 30 分钟、5 分钟、1 分钟的 K 线图，还可以将该底部进一步进行精确定位。

对于历史性大底的确定，技术面的底部因素成立，是第一要求，但并不是全部要求。一般的，将影响行情的因素分为技术面、资金面、政策面三类。首先，仅仅技术面的底部，是不足以发动像2005—2007年那样的行情的，而一旦三个因素出现共振，那就意味着一个历史性底部出现了。在中国股市以往的历史中，这种资金面与政策面的变动，往往都与技术面的底部相配套对应，但并不意味着以后也会一直如此。仅仅是技术面的判断，对于普通投资者已经足够使用了，如果了解得更多，把握就会更大，仅此而已。话说回来，如果对资金面与政策面的研究足够扎实的话，其介入点与退出点，都是可以达到相当的精度，精准的抄底逃顶不是不可以实现，但需要刻苦的努力。

同样的走势结构，在周线级别以下图形中出现，基本不会形成大行情的底部，最多是阶段性行情，比如2010年11月11日到2011年1月25日的沪深走势，也是下跌+盘整+下跌，但必须注意这不是日线级别的，而是30分钟级别的，这在前面一节内容中进行了区分的，不要搞混。随后一波行情持续了两个月，这只是一个反弹行情而已。而对不同级别的不同走势结构，结合当时的资金面与政策面进行后续行情大小的预估，以及对热点板块的掌握，那就更高一层了。

七、不同结构在不同位置的意义

走势结构，就图形本身而言，并没有太多种类，上面的内容基本将任意级别中的常见走势结构进行了完全罗列。但这些可以低风险甚至无风险买进的走势结构，出现在不同级别、不同位置的意义是不同的。例如在下跌+盘整+下跌中，下跌段出现次级别的下跌趋势，也就是有两个盘整的下跌结构情况，一般是比较常见的。在第三买点介入法中，涉及的离开段与返回段，就完全可以是各种不同走势结构的组合。例如以第一种结构（两个盘整的上涨）离开，再以下跌+盘整+下跌返回，或者上涨+盘整+上涨离开，然后以盘整形态回抽等，这些不同的组合都是有可能发生的。研究这些不同级别中不同走势阶段的不同走势结构组合，就是下一步需要提高的地方。

八、本章内容的总结

本章目的是先把方法介绍了，把钱先赚起来。几种寻找买点的方法就可以应付盘中的大多数情况了，也可以满足不同操作风格的投资者。但一些突发性的情况是没有办法的，比如说印花税提高 3 倍这种事情，就可能把之前的走势破坏了，那么当下的判断也会随之改变，原来定好的操作计划也要跟着变。事实上在股市中，处理突发情况的能力是决定短线投资成绩的主要因素之一。如果想完全避免这种突发情况的风险，那就只有中长线。

2007 年那夜的特大利空对短线客来说绝对是巨大的灾难，但是对从 2005 年买进一直持有的长线投资者几乎没有影响，这就是最典型的例子。

当然这种利空是小概率事件，不影响长期的短线操作结果。但如果你站得更高一点的话，第一章里面介绍的几种方法，完全可以组成一套完整的系统。

第一节实际上是缠论中的第一买点，级别越低，可容忍的盘整次数越多。周线上有两个盘整区域的情况就非常罕见了，大级别基本都是一个盘整，前后的下跌形成力度上的强弱对比，这是第一个安全的买点。

第一买点之后，第二节的周线买点操作方法中上涨时的横盘，就是第二安全的买点。这个买点的精确位置，可以通过将级别降低，用寻找第一买点的方法来确认。

盘整中的操作是第二买点形成过程中的操作方法，每次下跌的低点同样可以通过寻找第一买点的方法来定位。

第四节介绍的买点是在第二买点之后的，对第二买点前后盘整区域的突破回抽确认形成。通过第四节的内容可以看出，这里还是采用类似于第一买点的方法来寻找低点。

那么所有的买点其实都可以归结为第一买点，不过根据其所出现的位置与时机而有所区别。

之所以说第一章的各种方法可以形成一个系统，是因为长线对短线的操作是可以包容的。长线买点买入之后，通过短线的操作不断降低成本，从而降低操作风险，是一种最完美的操作。要说炒股的风险问题，把成本通过不断的短线操作降低为零，就是零风险，否则风险永远存在。当然这要靠不断地学习、实践、总结，通过长时间的磨炼而实现。在这之前，先赚看得懂的股票。

买点为什么能够成为买点？卖点在哪里？带着问题，进入下一章。

|第二章|

基础篇

认识所有的买卖点

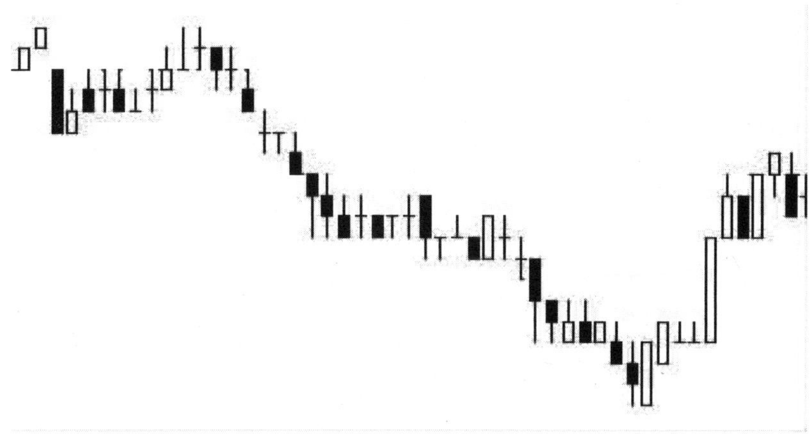

一、中枢

1. 中枢的基本认识

对于初入股市的朋友来说，中枢是个陌生的词，因为其他所有介绍股票的书籍都没有提到过。对于学过缠论的朋友来说，先别忙着提笔和线段，全书看完就知道了。

中枢是用来定义所有的走势的。庖丁解牛是顺着骨缝之间的关节点操作，一整头牛由 N 根不同的牛骨搭建成为牛的基本形态，然后再附上肌肉、皮毛，就是一只牛了。打开任何一只股票的行情图，当前级别的整个图形都由上涨、下跌、横盘组合而成，其间的价格波动就是行情图的肌肉与皮毛，上涨、下跌、横盘为股票的骨骼。而中枢，就是用来识别每一根骨头的。炒股，就要顺着上涨、下跌、横盘之间的关节点操作。

2. 中枢的定义

连续三段同级别走势类型的价格重叠区间，称为高一级别的中枢。照例先上图，道理后面再讲。

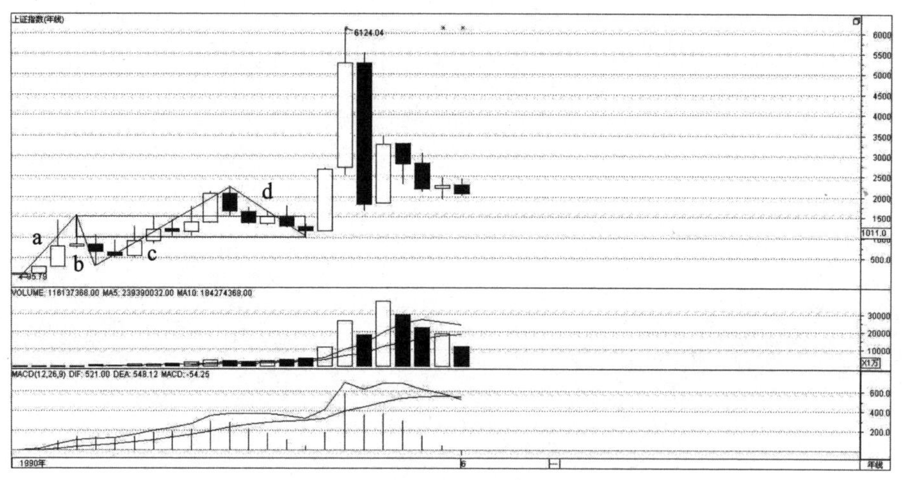

图 2－1

上图中，用折线标出来的四个上下，按先后顺序依次是上涨、下跌、上涨、下跌，这种走势可以视为 a＋b＋c＋d。其中，b、c、d 走势的价格重叠区间为中枢区间，区间高度的两端为这段走势中较低的高点与较高的低点，即图中方框内的时间与区间。而这样的年线中枢，是由其次级别的走势类型构成的，即季线。

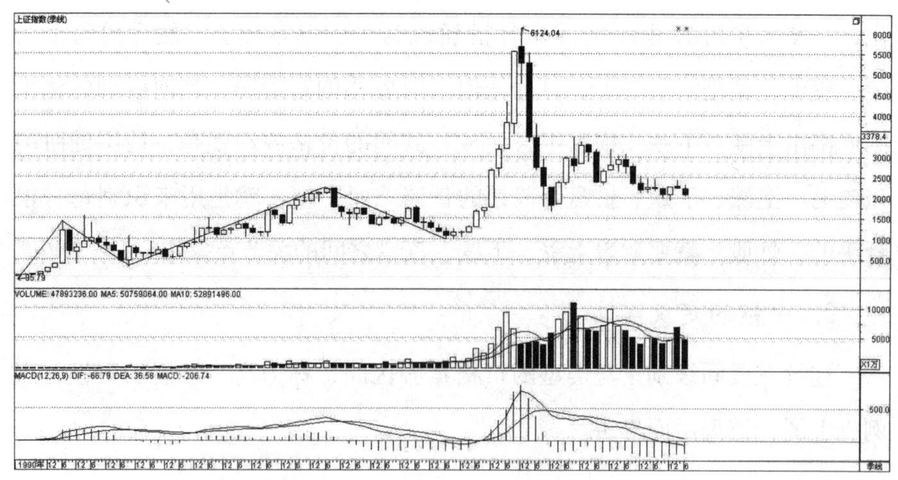

图 2－2

从季线图中可以看出，构成年线中枢的三个季线级别走势类型都有着明显的三段走势。当然也可以不止三段，比如五段也是有的，但在大级别的图中比较少见。看到这里就应该想起来第一章第一节的两个盘整，实际上就是某级别的中枢。而 a + b + c 那种类型的走势，实质上构成了高一级别的中枢。

第一章第四节的第三买点（见图 1 – 27），对盘整区域的突破与回抽，实质上是对日线中枢的突破与回抽，而构成日线中枢的是 30 分钟走势类型，那个回抽是 30 分钟级别的，在 30 分钟图中看有着明显的三段走势（见图 1 – 28）。

中枢，是任何一个级别的走势都必然会出现的特征，也就是说任何一种走势类型的完成，都至少形成一个中枢以后才有可能，这样就对其他的买点有了指导意义。

有些人可能不太明白为什么中枢是必然形成的，这里简单地说一下，详细的道理放在本书的最后。股票的最基本特征就是波动，任何一只股票的走势都不可能一次向下后就永远向上，或者一次向上后就永远向下，由此可以反证得：在股票价格的任何一种走势中，N 形的走势是必然会出现的，这是不论时间和空间的。

由上面得出的结论，就可以对所有股票的所有走势图进行划分，整幅走势图是怎么样的一个构成就有了较为明晰的概念。

在图 2 – 2 中，如果要判断某一个走势的结束点，就再降低一个级别，去看月线的走势图，通过 MACD 来辅助，这种判断方法与第一章第一节以及第四节介绍的方法是相同的。

再来看几个中枢的实例：

[**例1**]

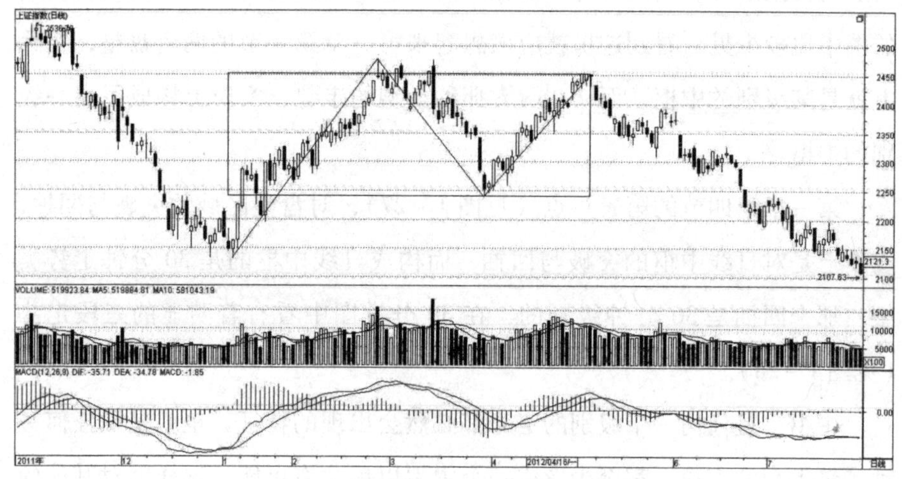

图2－3　上证指数周线中枢，日线图

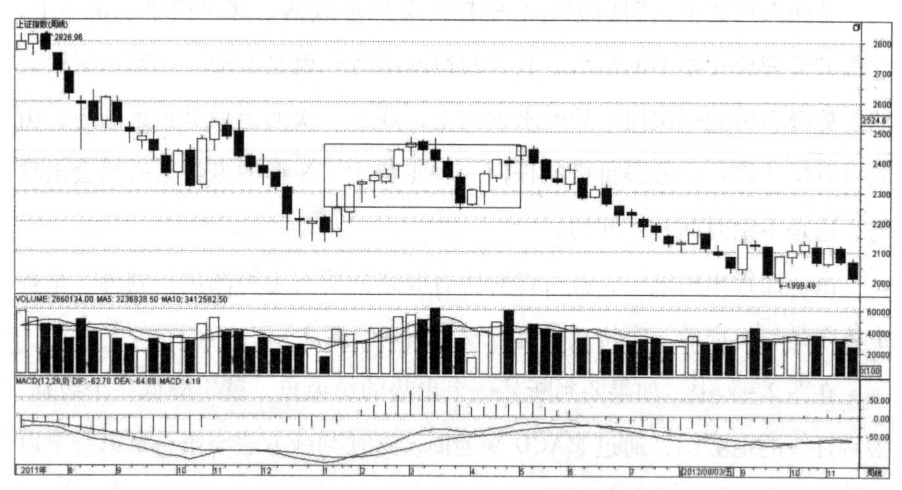

图2－4　上证指数周线中枢，周线图

有人可能要问这个中枢前面的一个上涨和下跌是否属于中枢区间，答案是否定的。在一个下跌走势中，中枢的划分由第一个反弹上涨开始，到盘整中的最后一个上涨结束，并且这段走势要符合次级别走势类型这一定义。图2－4中的周线中枢是在一个下跌过程中形成的，所以前面一个下跌不属于中枢范围，再前面一个反弹的级别太低，不满足次级别走势类型的定义。

另外要注意的是，中枢的区间内并不一定是三个同级别走势类型的重叠，而是至少三个，而一旦达到九个，就形成了三个同级别中枢重叠的状态，这种情况下中枢的级别就上升了。因为根据中枢的定义，三个同级别走势类型的价格区间重叠，构成高一级别的中枢，那么三个日线级别的中枢相重叠，本身就构成了更高一级别的周线中枢。

［**例2**］

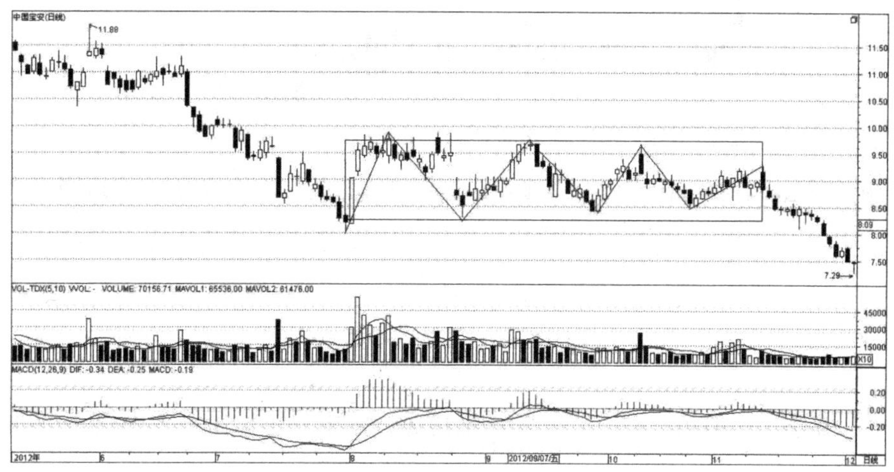

图2－5　中国宝安（000009），日线图，日线中枢

图2－5中的日线中枢区间内共有7个30分钟走势，但中枢的区间仍然由前三个构成，后面的称为中枢的延伸。但这样的延伸一旦达到九个，中枢的级别就扩大了（如图2－5的图形，也可以采用把中枢前后的两个30分钟走势包括在内的方法，这样中枢的级别就上升了，用哪一种方法都好，不要变来变去就可以了）。

3. 中枢的演化与走势类型

在一个走势中，当第一个中枢形成之后，我们就要观察中枢之后的走势演化。对于走势而言，只有两种选择：一是在走势中不能形成新的中枢；二是在走势中形成第二个，即新的中枢。

第一种情况，称为盘整走势；第二种情况，称为趋势，其中趋势又分为上涨与下跌。

盘整走势一

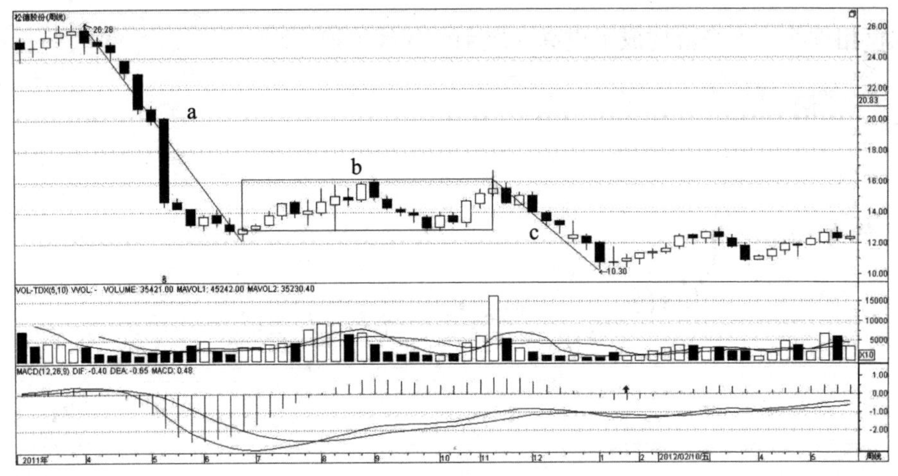

图 2 -6

盘整，一般由 a + b + c 三段走势构成，其中 b 可以是一个中枢，也可以是一个反向走势。在图 2 -6 和图 2 -7 中，b 作为一个中枢存在，而 a 与 c 尽管在图形上离开了中枢，但从级别上来讲依然是中枢的一个部分。这样的走势，可以看作围绕中枢区间展开的次级别震荡。

而趋势，就意味着在走势中出现两个或两个以上的中枢。

盘整走势二

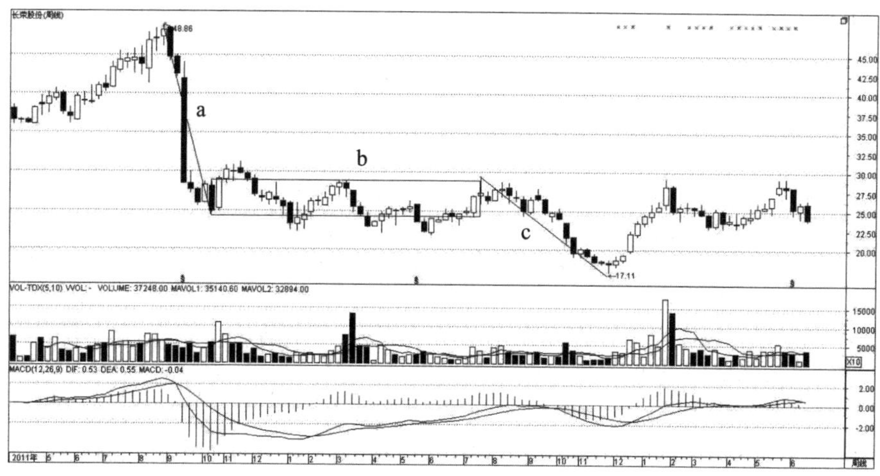

图 2-7

趋势走势一

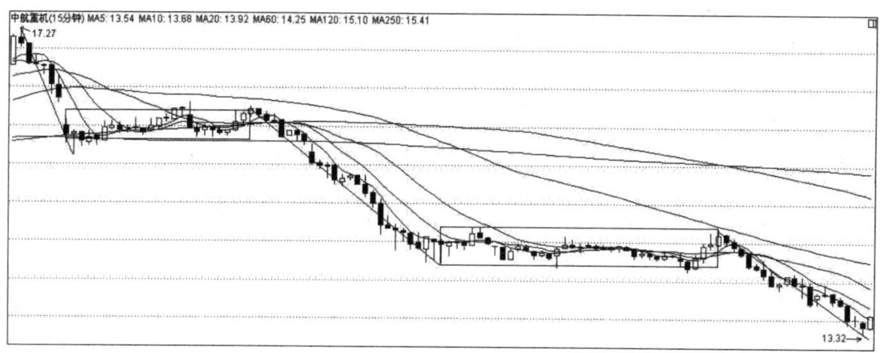

图 2-8

趋势走势二

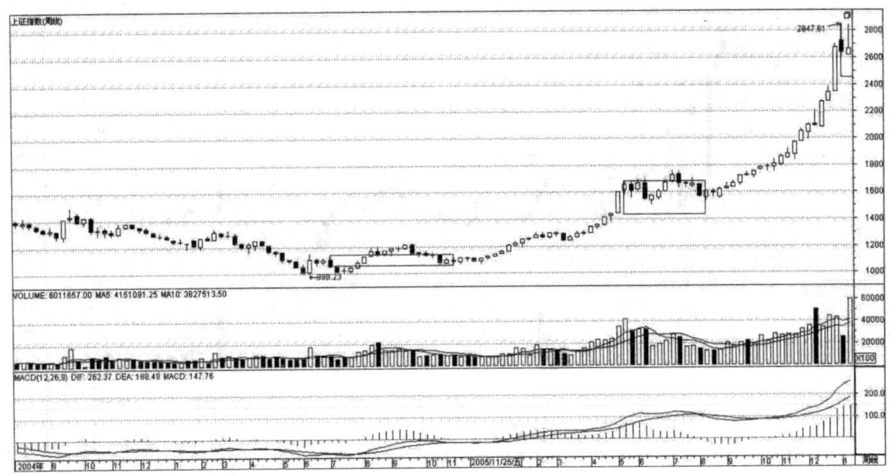

图 2－9

一般来说，级别越大，形成趋势的可能性越小。在月线级别上所有股票基本上都是一个盘整；而在一分钟级别上，3 个、4 个中枢的情况也经常出现。

针对中枢本身的变化，分别有中枢的延续、中枢的扩张、中枢的扩展三种类型。所谓延续就是走势始终围绕中枢震荡，扩张意味着前后两个中枢的波动区间有重叠，而扩展则意味着中枢的震荡级别越来越大，详细的分析与介绍放在本书第三章。

有了中枢的级别与走势类型的划分，就可以就股市中的所有走势进行拆解了。对于中枢与走势类型的对应关系，只遵循一个原则：**中枢级别决定走势类型级别**。有一个 30 分钟中枢的盘整走势就叫 30 分钟级别盘整，有两个同方向日线级别中枢的走势就叫日线级别趋势。由此就可以得出一个重要结论：所有股票的所有级别走势，均由 N 个不同级别的走势类型连接而成。有了这一个结论，就可以把股票操作用一句话来概括：对于股票的买进与卖出，就是要把握住各个走势类型的关节点。

4. 中枢的形态

对于中枢形态的分类，其标准就是中枢的重心，也就是构成中枢的次级别走势的中间点的连线。

那么对于重心而言，就有平移与斜移两种。平移指的是重心基本保持一条直线，而斜移就包含顺方向和反方向两种。

先来看平移，对于中枢的重心大致保持水平线的情况下，中枢的形态有标准、收敛、扩散三种。如下图：

标准：

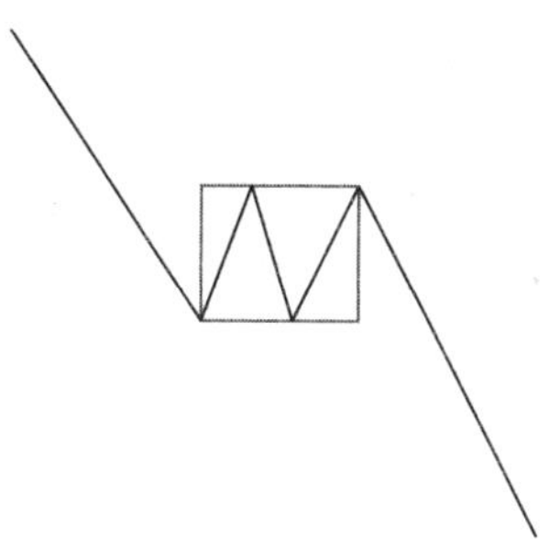

该图是下跌过程中的中枢，上涨过程中的反过来。方框内为中枢区间，在实际走势中，中枢内的波动经常会溢出中枢区间少许，但在重心平移的中枢中，一般上下溢出的空间大致相等。

图 2－10

收敛：

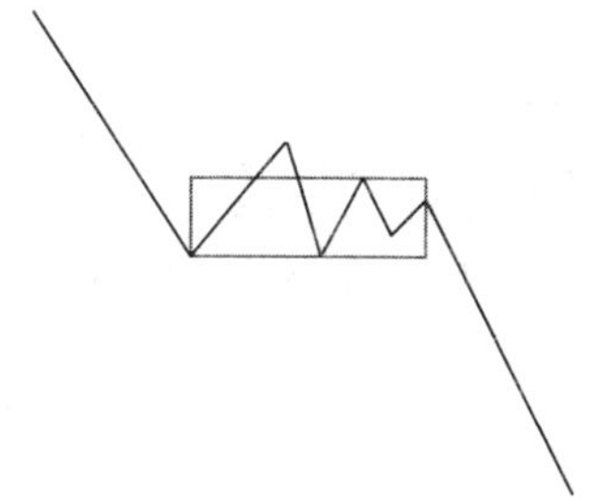

有炒股经验的朋友马上就可以看出这实际上是一个常说的三角形整理，通常由5段走势构成。这样的中枢往往是一个趋势的最后一个中枢，突破后的走势也往往比较激烈。

图 2－11

扩散：

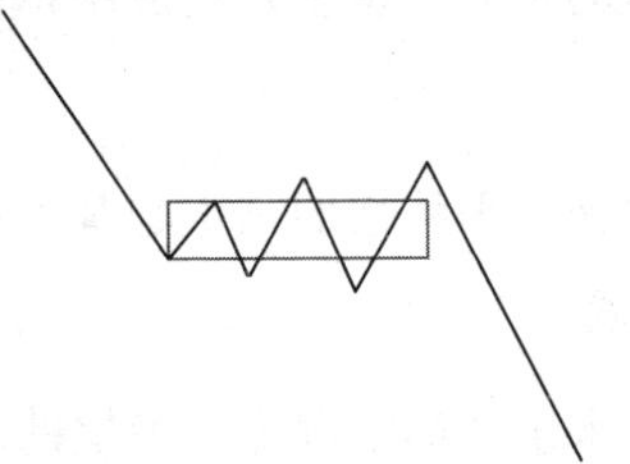

扩散形态是收敛形态的翻版，不过大头和小头的顺序颠倒了一下。从心理层面上来讲，意味着多空双方的搏杀越趋激烈。

图 2－12

再来看斜移，分为反方向与顺方向两种。

反方向斜移：

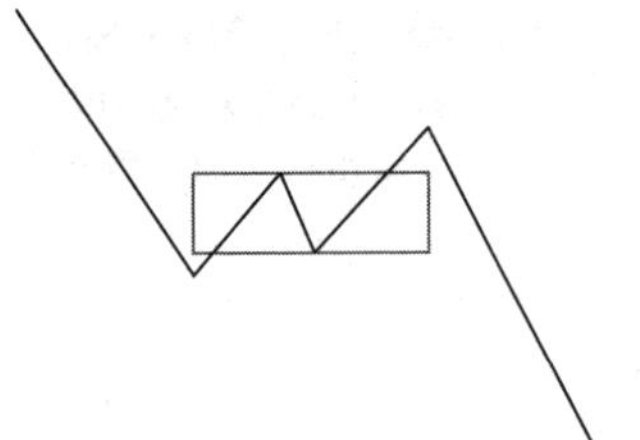

在反方向的斜移中，中枢的重心不断上移，意味着对于当前走势的反抗力度较强。

图 2－13

顺方向斜移：

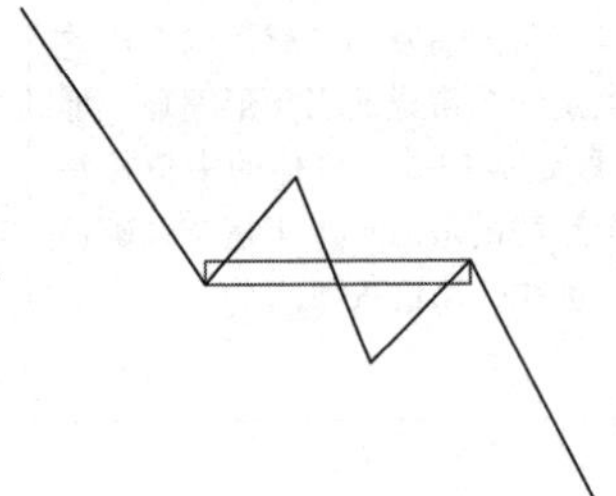

顺方向的斜移又可称为奔走型走势，意味着当前趋势的力度很强。传统技术分析中的"美人肩"就是最典型的奔走型中枢。

图 2－14

上面的几个中枢形态的例子采用的是通用的介绍方式，几种类型对应到实际走势中应该是一目了然的。为了对照上面较为抽象的图例，下面按顺序给出实际走势中的例子。

中枢平移的标准形态

图 2 - 15

中枢的收敛形态

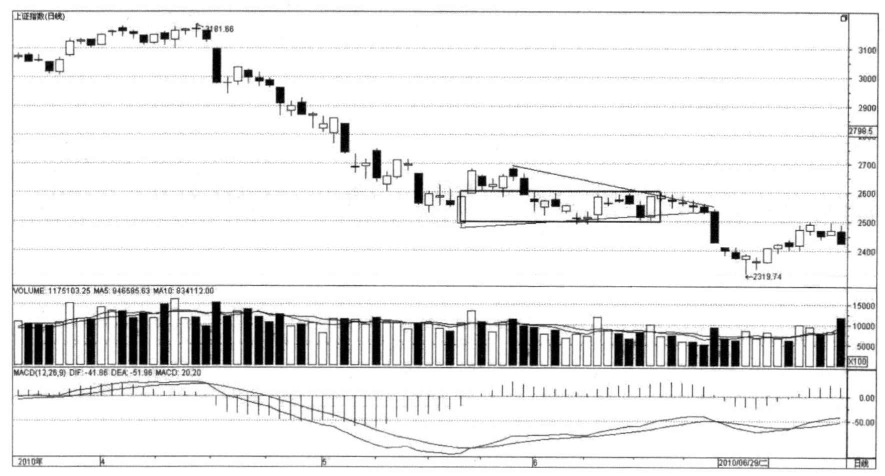

图 2 - 16

顺方向斜移

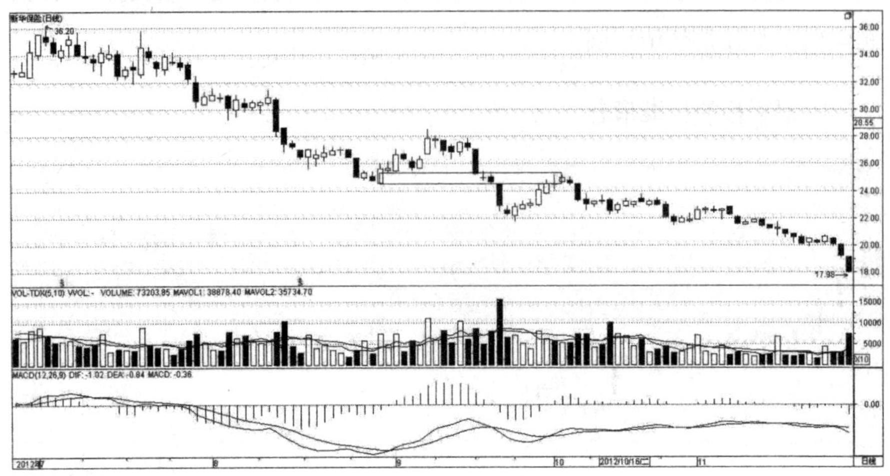

图 2－17

中枢的扩散形态

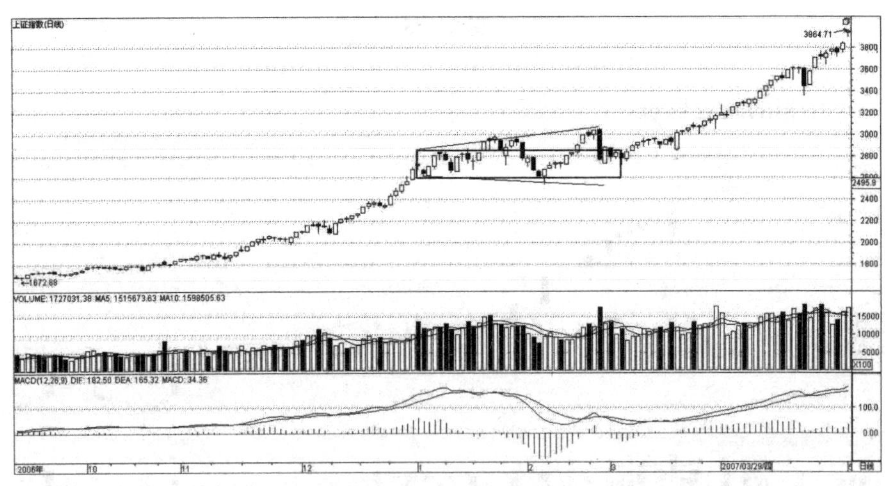

图 2－18

5. 中枢的级别

关于中枢的级别问题，其实在上文中已经介绍了一部分，但“级别”作为缠论中的重中之重，个人觉得很有必要单独列出一节来讲。

走势的级别由走势自身的中枢级别决定，而中枢的级别则由构成中枢的次级别走势的级别决定，按照这样的系统可以不断地次级别下去，直到1分钟走势。在1分钟走势图中，可以看到的最小级别的中枢是一个“十字星”K线，再高一级别就是三根K线的重合。但在实际分析与操作中，往往不需要分析得这么细致，分析某级别的走势，往下两个级别就可以解决所有问题。

首先，任何一个走势类型的完成必定是在形成该级别中枢之后。比如说有一个30分钟级别的上涨走势，那么一个30分钟级别的中枢是必定要形成的，于是任何一个30分钟级别的走势类型如果要完成，a+B+c式的三段走势是必需的。也就是说，任何一个走势类型要完成，至少要在K线图中呈现出三段走势特征。如上证指数中的年线级别中枢，在年线级别K线图中看就是下、上、下三段，但在次级别，即季线级别走势图中，就可以明显地看出这下、上、下三段走势所呈现出的三段走势（见图2-1和图2-2）。

其次，某级别的走势类型或者中枢，与某级别时间周期的行情图并没有必然的联系。在1分钟图中也可以通过一级一级走势的划分，将年线中枢分辨出来。但在实际应用中，30分钟的中枢在30分钟的行情图中往往看得更加清楚，但有些就可能在日线或者15分钟行情图上看得比较清楚，这个就要根据具体情况考察了。

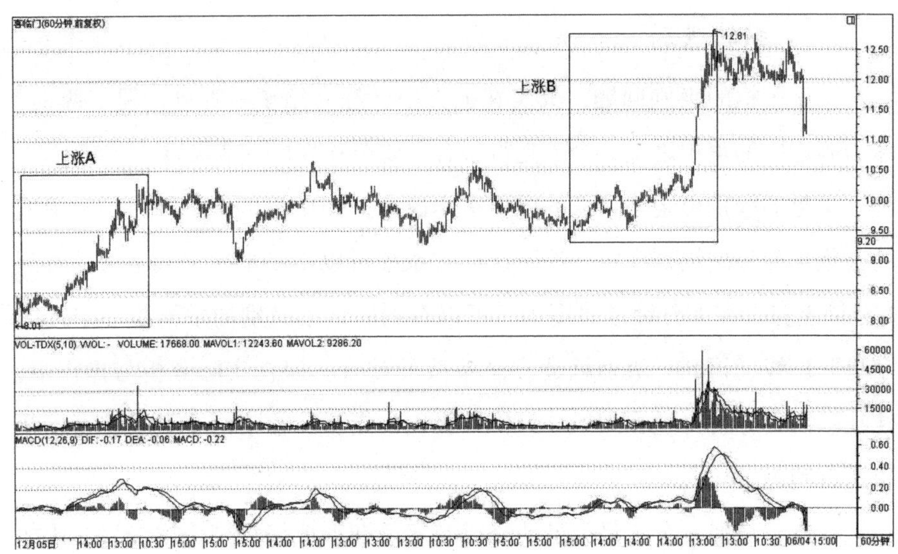

图 2－19

上图中，上涨 A 与上涨 B 的区间内，相对应的 MACD 红柱子需要各自把面积加起来才能对走势是否盘整背驰进行辅助判断。两段走势本身是 30 分钟级别，在上图的 60 分钟图中尚且不是很明显，何况在 30 分钟图中！这时就可以调用不同级别的图形来看，以使判断更加直观一点。

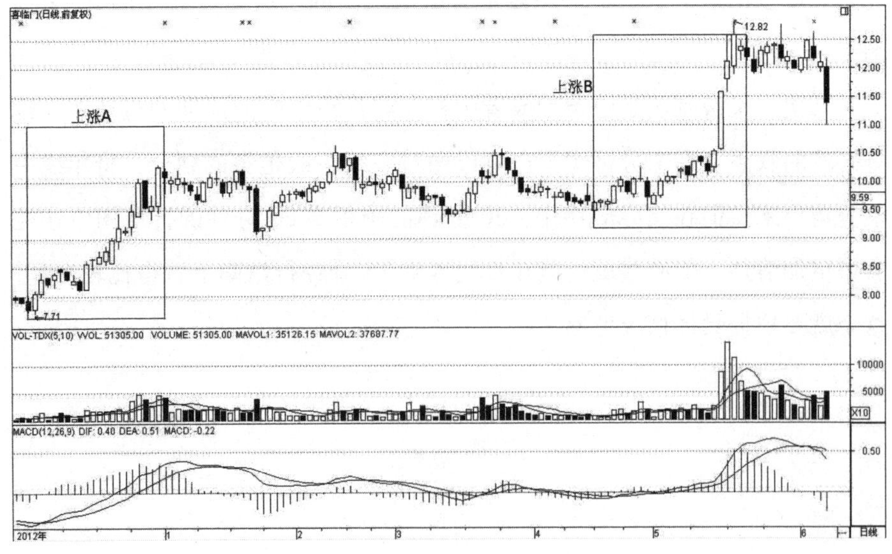

图 2－20

图 2 - 20 是与图 2 - 19 同样时间里的走势图，不过是日线级别的图形。比较起来，同样的走势，在日线中图形的清晰度以及分析的简便性都大大提高。当然这种级别的区别不是唯一的，这里只是举个例子，关键是学会在不同级别中切换，寻找最有利于分析的图形。

二、背驰

1. 背驰的判断方法

背驰，本质上是两段同级别走势的力度比较。这里有三个关键词，第一个是同级别，比如说 30 分钟走势与 30 分钟走势相比，这是可以的，但一个 30 分钟走势与 5 分钟走势就无从比较。

第二个关键词是走势，背驰的比较一定是上涨与上涨、下跌与下跌、上涨与下跌之间的比较，盘整与盘整之间是不存在力度比较的。

第三个关键词是力度，背驰比较的是两段走势的力度大小，比如说 30 分钟走势 a 与 b，b 的下跌力度相较于 a 的下跌力度要小，就可以成 b 相对于 a 背驰。

力度的比较最直接的方法就是 K 线图。以下跌为例，下跌的斜率大小、时间跨度长短，都是判断力度的主要依据。同样的时间跨度里，下跌的斜率越小当然就意味着下跌的力度越小。但这种方法太过于模糊，无法直观地阅读。

其次是利用均线来比较力度。以 5 日线与 10 日线为例：一个 30 分钟的下跌由 a + A + b 组成，其中 A 是该走势的 30 分钟中枢，那么就需要考察 a 与 b 两段走势的 5 日线与 10 日线的交叉面积。所谓交叉面积，就是一段走势中，金叉到死叉或者死叉到金叉之间的闭合区间的面积。图 2 - 21 中为标准的 a + A + b 走势，a 和 b 中，5 日均线与 10 日均线的金叉到死叉的面积即为交叉面积，背驰的比较是 b 段的交叉面积与 a 段的交叉面积大

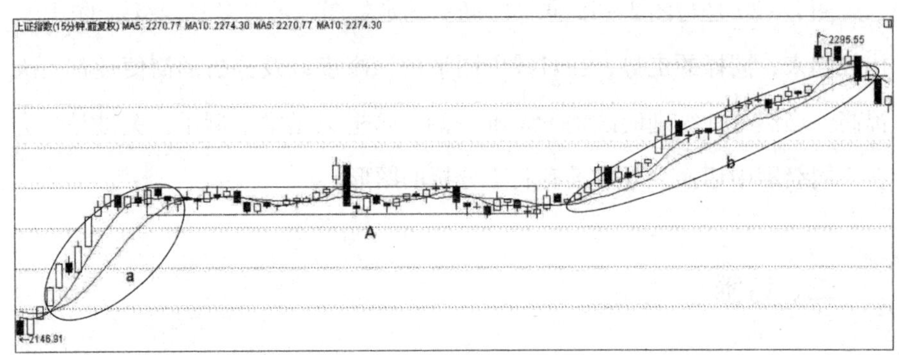

图 2-21

小比较。

最后是更加直观的方法，用 MACD 来辅助判断的背驰。因为 MACD 的计算特点，能够比较直观地观察出走势之间的背驰。

在第一章第一节中，两个中枢后的买点，其实就是背驰点。对于 a + A + b + B + c 的走势而言，c 与 b 形成背驰后，回升是百分之百的。因为这可以非常严谨地推论出来，就不在这里介绍了。

标准的背驰，指的就是两个中枢的趋势背驰。a + A + b + B + c 走势中，A 与 B 是该级别走势的中枢，a、b、c 一定是次级别或者次级别以下级别的走势，而当 c 段的力度小于 b 段，即形成背驰，其后的反弹至少回升到 B 的下沿。而通过 MACD 来判断背驰，就看 c 段与 b 段相对应的 DIF 与 DEA。图 2-22 中，两根竖线将走势分为三个部分，分别为下跌、中枢、下跌。

通过观察下跌部分的 MACD 可以看出，c 段的线比 a 段更高，并且 c 段的绿柱子比 a 段的更短，面积也更小，这时 c 段相对于 a 段构成标准的背驰，c 段成为背驰段。在大级别走势中，尤其在月线级别以上，这样的背驰后面往往是一个时间与空间跨度都比较大的上涨。而精确的买点如何寻找，就要考察背驰段的内部结构。这可以通过次级别的走势来判断，因为次级别的走势如果要完成，就必须要有一个同级别的中枢。同样的，次

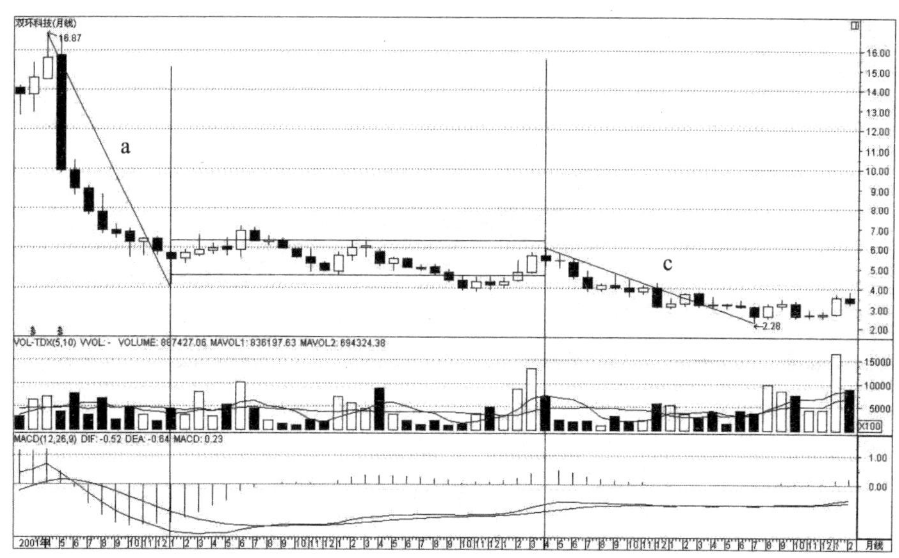

图 2－22

级别的走势也是至少由 a_1、b_1、c_1 三段构成，这样就可以继续考察 c_1 段与 a_1 段的力度，如果形成背驰，就继续向次级别考察 c_1 段的内部结构，这样的推演可以一直持续到 1 分钟走势图中，从而定位出最为精确的转折点。卖点的判断与买点相反，也就是判断两段上涨走势的力度，判断方法与下跌中的判断是一致的。

2. 趋势背驰

趋势，指的是至少拥有两个同方向的同级别中枢的走势，这在上文中已经分析过。趋势背驰指的就是在 a + A + b + B + c 的走势中，c 段与 a 段形成背驰，也就是本书第一章第一节中的内容。

那么，在趋势背驰后走势有哪些演变，就是在背驰点买入后要考虑的问题了。可以肯定的是，趋势背驰后必然反弹到前面下跌的最后一个中枢的下沿，如此，就有了以下的走势分类：

第一，背驰点后，反弹到 B 段下沿，下跌；

第二，背驰点后，反弹到 B 段下沿，横盘；

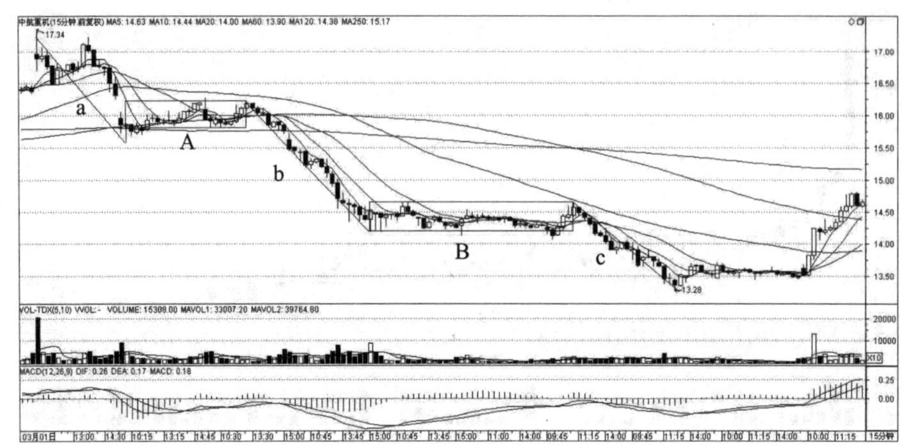

图 2－23

第三，背驰点后，反弹到 B 段下沿，上涨。

以 5 分钟下跌趋势为例，趋势中必然有 N 个 5 分钟中枢，N＞2。当背驰段出现后，最弱的走势就是第一种情况，也就是反弹触及围绕最后一个中枢的最低点，随后继续下跌。但在这里，这个反弹会造成最后一个中枢的扩展，将 5 分钟中枢扩展成 30 分钟中枢，甚至日线中枢。5 分钟中枢由至少三段 1 分钟走势类型重叠而成，就下跌而言，跌破最后一个 5 分钟中枢的背驰段一定是 1 分钟级别的，其后的反弹也至少是 1 分钟级别。反弹触及最后一个 5 分钟中枢后下跌，实际上就又形成了一个 5 分钟中枢，新生的这个 5 分钟中枢与前面下跌的最后一个 5 分钟中枢重叠，构成中枢的扩展。

图 2－24 中，5.87 是两个中枢下跌的第一买点，之后的走势还没有完成，但就目前的走势而言，A 与 B 两个中枢扩展为高一级别的中枢 C。

第二种情况，因为前面下跌趋势中的中枢都是 5 分钟中枢，而背驰点的出现意味着这段 5 分钟的下跌趋势完结，那么随后的盘整走势必然是大于 5 分钟级别的，否则就意味着 5 分钟的下跌趋势还没有完成，就相互矛盾了。

第三种情况，背驰点之后的上涨。上涨必然是从低级别开始，而因为

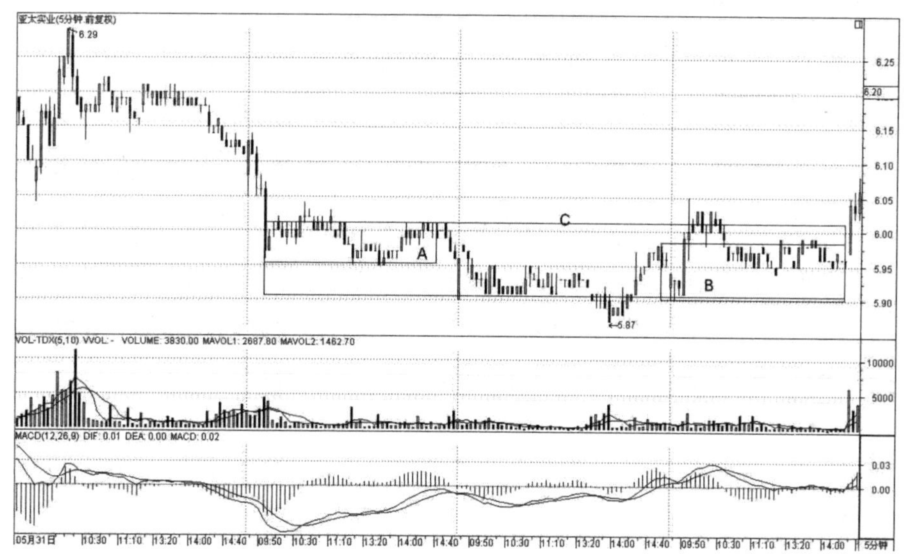

图 2－24

之前的下跌趋势是5分钟级别，那么在这个上涨成为5分钟级别之前，都是最后一个5分钟中枢的震荡，这也与背驰点意味着走势的完结相矛盾，由此可以推论趋势背驰后的上涨至少是同级别的，也就是说5分钟级别的趋势背驰后的上涨至少是5分钟级别的。

小结一下，5分钟级别下跌的趋势背驰之后，随后的走势发展有以下三种：最后一个中枢的级别扩展、大于5分钟级别的盘整、至少5分钟级别的上涨。

这里，最后一个中枢的级别扩展与大于5分钟级别的盘整有相似之处，但绝对不同，因为级别的扩展意味着前面的5分钟下跌趋势是属于一个30分钟走势中的一部分，而这个30分钟级别的下跌刚刚走出第一个中枢。而第二种情况意味着一个5分钟级别趋势与大于5分钟级别盘整的连接，盘整之后的演化就有上涨与下跌两种，两种情况是截然不同的。

根据上面的推论，就知道为什么第一章第一节的双中枢后背驰的盈利是百分之百的了，因为哪怕是最弱的一种走势都有盈利的空间。至于为什么背驰意味着走势的完结，就是后面的内容了，还是一个宗旨：从易到难。

在实际操作中，一个30分钟的趋势背驰点出现后，就可以先行买进，然后等待上涨，这个上涨一定是从1分钟上涨慢慢演化到5分钟的。而当上涨触及前面最后一个中枢的下沿时，判断这个上涨的级别，然后根据次级别走势判断此时是否发生上涨背驰。出现就先卖掉，因为后面至少是高于上涨级别的盘整或者直接下跌；没有出现背驰，就淌着口水等待走势继续上涨。这时的走势就只有两种变化了：一是日线级别的中枢，二是30分钟级别的上涨，那么就等待30分钟的中枢出现后再说。

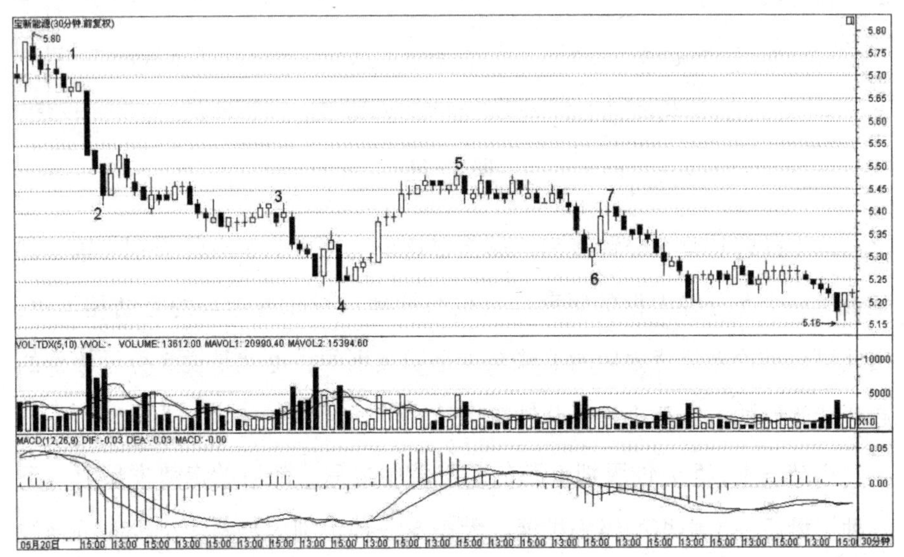

图2-25

图2-25（30分钟）中一些重要的高低点被标注出来（不是线段），2—3构成5分钟中枢，4是盘整背驰点，所以3—4只是围绕2—3中枢的震荡，随后的上涨到5时，4—5这个1分钟级别的上涨出现背驰。随后下跌到6，再然后6—7构成次级别的第三类卖点。下图是4—5段的5分钟级别走势，对照MACD判断，背驰是非常明显的。

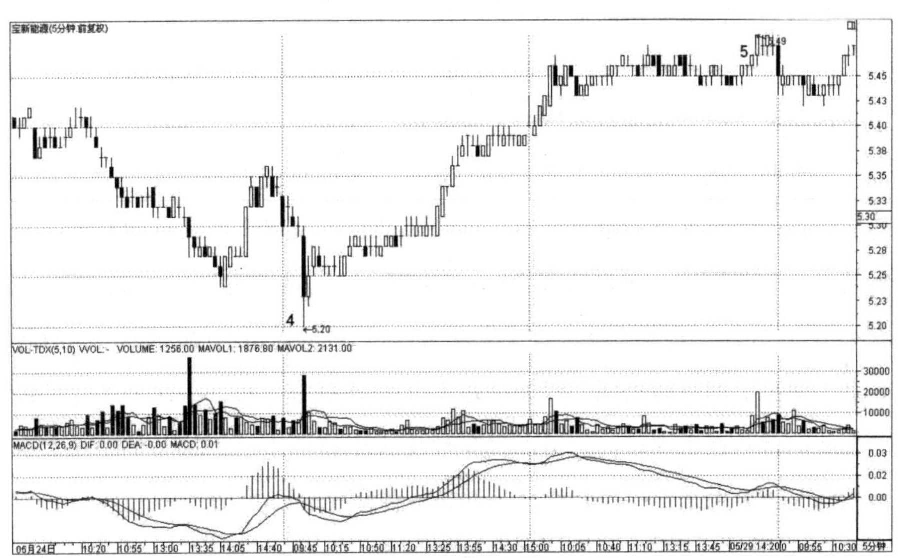

图 2-26

这三种情况的差别比较微妙，需要在实际操作中体会理解，而一旦理解了，那么走势阅读的核心部分基本上就掌握了。

必须要注意的是，一个趋势背驰的产生，意味着一个走势的完结以及另一种走势的新生。比如说一个30分钟下跌趋势在背驰点结束后，后续的走势其实只有两种，就是大于30分钟级别的盘整以及至少30分钟级别的上涨，除此之外不存在第三种情况。因为如果形成的盘整还是30分钟的，那么就意味着之前下跌趋势中最后一个中枢的判断无效，这是与背驰点的意义相悖的。而上涨，则至少是同级别的，级别小了意味着原来的走势没有完结，同样与背驰点的意义相悖。如此，就可以推论出完全安全的买点了。

3. 盘整背驰与背驰的推广运用

盘整背驰是针对盘整走势而言的，盘整走势意味着只有一个中枢，而在某级别中枢前后的走势只能是小于该中枢级别的。比如说 a + A + b 三段走势，A 是30分钟中枢，那么 a 与 b 最多就是5分钟级别的走势，最极端的可能只是跳空缺口。而盘整背驰，比较的就是 a 与 b 的力度。

盘整背驰的判断方法与趋势背驰的判断方法完全一致，就不多介绍了，这里要讲的是盘整背驰后的走势演化。

以下跌为例，a + A + b 走势中，b 段与 a 段形成背驰，考察背驰段 b 的次级别走势，确定背驰点之后，反弹是必然的，但这里的反弹并不一定触及 A 中枢的下沿。假设 A 是 30 分钟中枢，b 段的背驰点出现后，首先会有小于 30 分钟级别的上涨，这个上涨可以是 5 分钟级别，也可以是 1 分钟级别，理论上都可能出现。但如果是 5 分钟级别的上涨，在这个 5 分钟级别上涨的背驰点出现后，价格还没有触及 A 中枢的下沿，这时就意味着有两种情况将要发生：一种是继续下跌，一种是形成新的 30 分钟中枢 B。

盘整背驰在实际应用中最有价值的就是上面所说的，以次级别走势突破中枢，并且次级别回抽不回到中枢内的情况。应用在上涨中，就构成第三类买点，这样的买点出现后，往往会有较为凌厉的上涨。第一章中提供的突破回抽确认买入方法就是属于这一类。

另外一种具有实际操作价值的就是在大级别走势中，如周线、月线、季线中，因为在这类级别的行情图中，出现两个中枢的趋势的时间跨度太大，而因为级别的原因，盘整背驰后的上涨体现在日线中往往非常可观。

此外，在盘整走势中，因为盘整本身就是一个中枢，通常也可以归类为盘整走势，那么就中枢的 a + b + c 而言，c 段与 a 段形成背驰也可以称为盘整背驰。比如说下、上、下的三段走势中枢盘整，如果后一个“下”相对于前一个“下”形成背驰，那么后一段走势还会回到中枢区间内。而一旦后一个“下”的力度比前一个“下”要大，这就要注意了，因为走势很可能惯性地下跌，从而跌破中枢。关于盘整走势中的操作方法，在第一章也介绍过了，图就不再另外上了。

由于背驰是基于力度的分析而得的，所以在实际操作中，往往也可以用于不同方向走势的力度判断。比如中枢 A，在 A 前是一个下跌走势 a，在 A 后是一个上涨走势 b，那么 a 与 b 之间也是可以考察力度的强弱的。

一般情况下，如果 b 的力度小于 a 的力度，b 还是会跌回到中枢 A 中的，这就属于背驰的推广运用了。

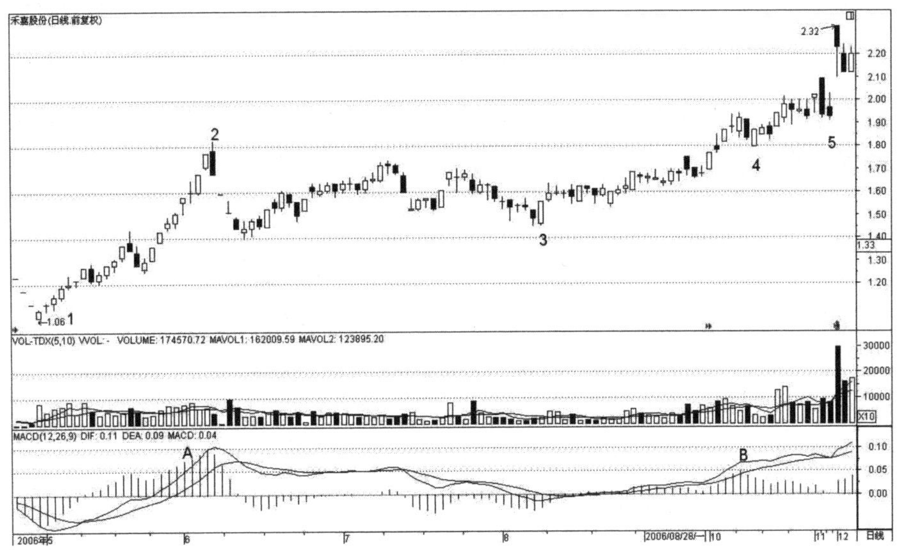

图 2－27

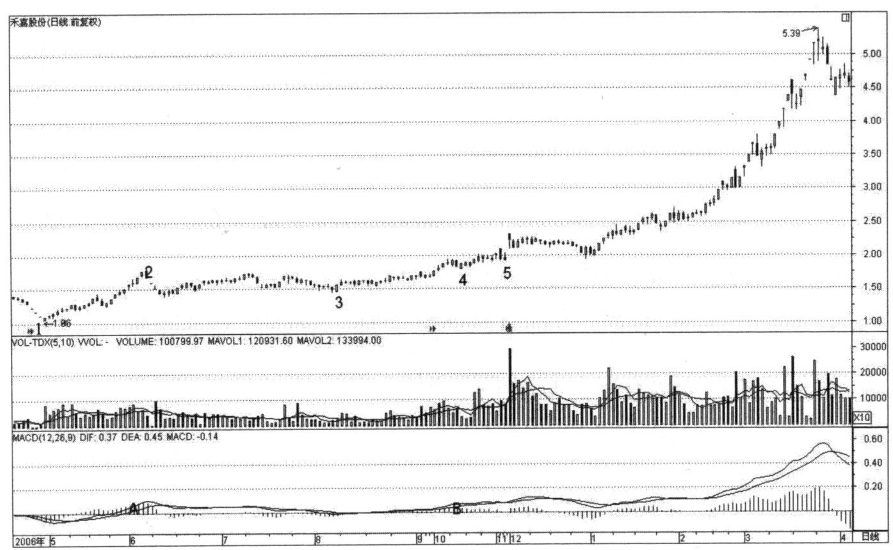

图 2－28

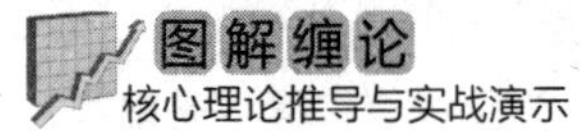

图2－27中，1—2上涨，2—3中枢，3—4离开中枢上涨。从走势中看，3—4段明显与1—2段盘整背驰，4—5是个次级别中枢。那么3—4就是离开中枢的次级别走势，4—5就是次级别的回抽。从MACD中观察，3—4对应的红柱子面积、高度和黄白线高度都明显地比1—2段所对应的要弱得多。5位置MACD红柱子回抽到零，是个标准的盘整背驰转化为第三类买点的例子。

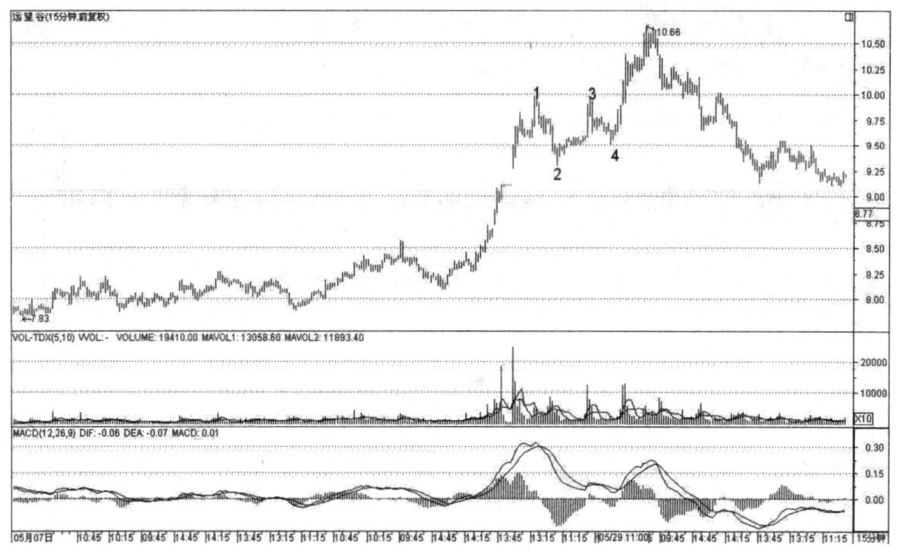

图2－29

图2－29中，1—2、2—3、3—4构成的中枢为前一个大级别中枢的第三买点。在构造大级别中枢上的小中枢中，1—2与3—4的力度比较，3—4相对于1—2盘整背驰。这种盘整背驰后的上涨往往都是在第三买点之后，而在中枢震荡过程中，判断的标准是一样的。

三、三个安全的买点

1. 第一买点

第一买点就是趋势背驰点。在趋势中，中枢的数量大于或者等于 2。以最经典的 a + A + b + B + c 走势为例，A 与 B 是同级别的中枢，a、b、c 为次级别或以下级别的走势，当 c 相对于 b 形成背驰，即构成第一买点。对于 c 这一背驰段的次级别考察，可以不断地将买点的范围缩小，最终确定足够精确的买点，这个买点是绝对安全的，称为第一买点，卖点的情况与买点相反。

在“趋势背驰”那一节，我提过第一买点后的三种走势情况，从中可以发现，无论哪一种后续走势演化，都至少先有一个次级别的上涨。

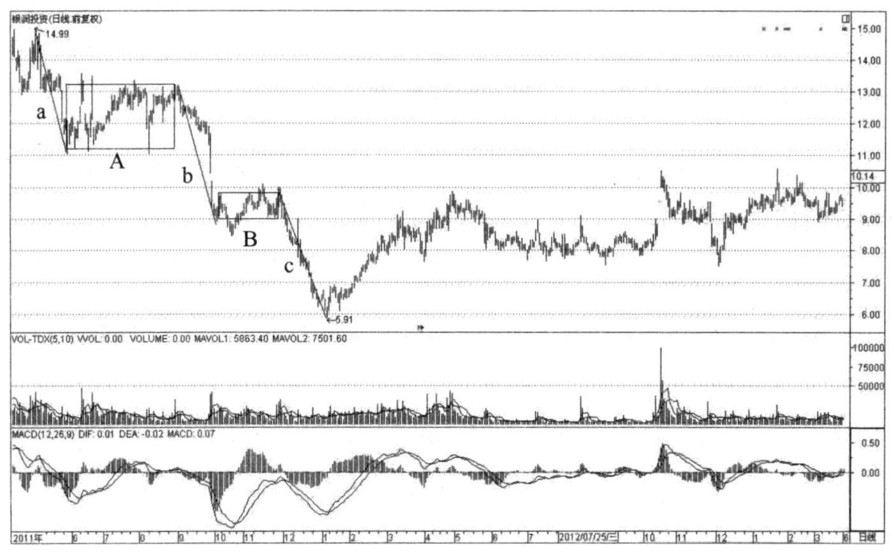

图 2 - 30

银润投资（000526），2011 年 4 月 28 日开始下跌，经过两个日线级别的中枢后，在 5.91 的价位构成标准的趋势背驰（如图 2 - 30 所示），c 段的下跌力度明显比 b 段要小。从 MACD 来看，绿柱子的长度与面积均小于 b 段，并且黄白线的下跌幅度要小得多。而在 5.91 构成第一买点之后的上涨很快就回到 B 段的区域中。

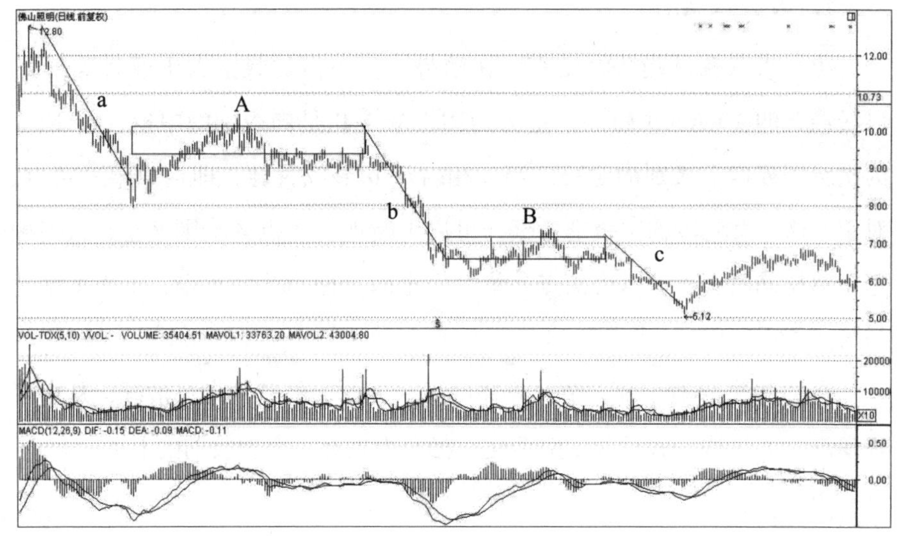

图 2－31

佛山照明（000541），2011 年 11 月 7 日开始的下跌延续中，同样构成明显的趋势背驰，在 5.12 价位构成标准的第一买点，随后的上涨回到 B 段范围内（如图 2－31 所示）。

第一买点的判断是比较简单的，符合走势特征就可以，一旦遇到必须珍惜，因为这几乎是所有操作中最安全的买点。抛开交易佣金与印花税的情况下，从 1 分钟级别到年线级别，第一买点后的盈利都是百分之百的，区别只在于反弹力度的大小，但在逻辑上是后面的事情了。

2. 第二买点

一个日线级别的趋势背驰后，可能出现三种情况：最后一个日线中枢的扩展、至少周线级别的盘整、至少日线级别的上涨。无论哪一种情况，一个日线级别的上涨是必然的。而一个日线级别走势的完成，必须是在一个日线级别中枢形成之后。根据中枢的定义，必然要在次级别形成三段走势的重叠，那么就可以很简单地推论出：当一个日线级别的趋势背驰后，第一买点后的上涨过程中，第一次次级别下跌后必然有回升，因为中枢必然会形成。而第一次次级别下跌的低点，就是第二个安全的买点。

本书的第一章介绍了周线级别的中长线买入法，那实际上就是第二类买点的粗糙版。通常情况下，第二买点可以通过下面的方法精确直观地掌握。

在周线或周线以下级别的下跌趋势中出现第一买点后，或者周线以上级别的盘整背驰出现类第一买点后，走势衰弱到了极点，在整个下跌过程中，MACD 的黄白线都在零轴以下运行。第一买点后的上涨将使黄白线从零轴下升到零轴上，随后一般都会有一个下跌回抽，或者下跌盘整，这个回抽或盘整会在本级别行情中将 MACD 的黄白线拉回到零轴附近。这时的黄白线可以在零轴上，也可以在零轴下，但不会离得太远。然后考察次级别走势，如果是周线级别的第一买点就考察日线级别图形，将 MACD 拉回到零轴附近的那段走势在日线图中等待趋势背驰或盘整背驰的出现，这段日线级别下跌的第一买点，就是周线级别上的第二买点。

图 2－32

中粮地产（000031），2004 年 4 月 9 日开始的周线级别下跌中，在 3.38 元位置构成第一买点，随后的第一波次级别上涨在 A 点处结束，并展开第一次次级别下跌，在 B 处构成第二类买点（如图 2－32 所示）。

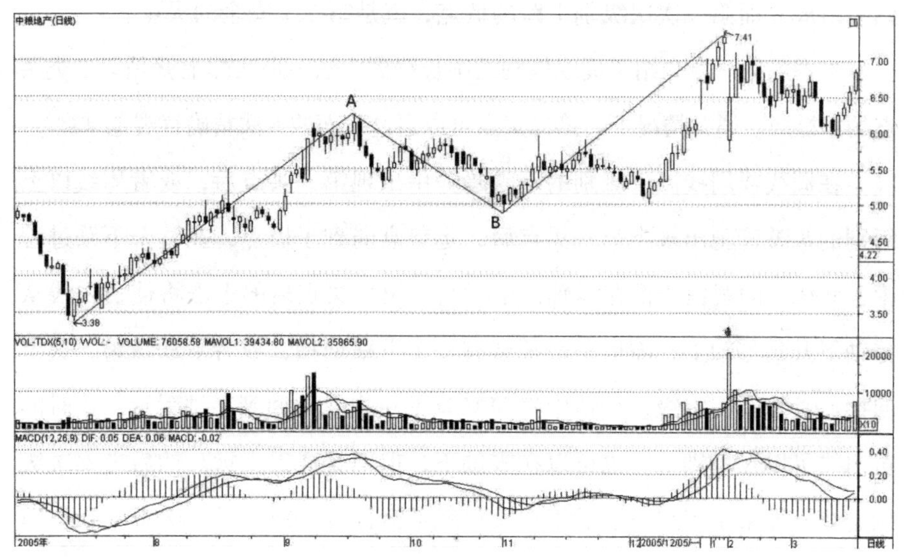

图 2－33

图 2－33 中 AB 的走势即为周线第二买点对应的日线图。显然这是一个日线级别盘整下跌，三段走势中，第三段走势与第一段走势形成盘整背驰，从而确定 B 点为下跌低点，后面的上涨继续。更多的图形可以参照第一章第二节中的几个周线行情图，分析的方法是一致的。

值得注意的是，第二买点的位置不一定就在第一买点之上。无论在理论中还是在实际操作中，第二买点都可以出现在任何位置，这也就为第一买点后的走势力度提供了参考。第二买点在第一买点以下，很可能后面是一个更大级别的盘整，力度属于最弱的一种；第二买点在前面下跌的 c 段中间，力度中等；第二买点在前面下跌的最后一个中枢之上，这就不得了了，因为这代表着最凌厉的反弹，一般都对应着 V 字形反转，后面的上涨往往是迅猛的。

3. 第三买点

当某级别走势的第一个中枢出现后，对应中枢的走势只有两种：中枢的延续、中枢的破坏。

中枢的延续也就是中枢震荡。对于一个日线级别中枢而言，当前三段次级别走势完成后，中枢的区间就确定下来，随后的所有中枢震荡都是次级别或次级别以下级别的走势，并且所有的震荡都会回到中枢内。

与中枢的延续相对应的，中枢的破坏就意味着围绕中枢的震荡中，第N个次级别走势突破中枢区间，并且随后的回抽不回到中枢区间内。回抽是向上的，则是第三类卖点；回抽是向下的，则是第三类买点。

如何判断这第N个次级别走势的结束，以及随后回抽的低点，这属于第一类买卖点的分析范畴，就不再重复介绍了。

第三类买点在第一章第四节中已经较为详细地介绍过，本节重点内容是盘整背驰转化第三类买卖点的情况。

以上涨为例，a+A+b式的典型三段走势中，A为本级别中枢，a、b为次级别走势，其中b相对于a构成背驰。之后的走势发展有两种情况：盘整背驰后的次级别下跌回到中枢区间，盘整背驰后的次级别下跌不回到中枢区间。

第一种情况属于中枢震荡，这个震荡不论空间与时间，只要是次级别或次级别以下级别走势，都属于中枢震荡的一部分。典型的例子就是上证指数从998点到6124点的走势，前面是一个年线级别中枢，而2005年到2007年的上涨级别只是周线级别的，6124点之后的下跌如果回到年线中枢内的话，如此大规模的上涨与下跌也仅仅是年线中枢震荡的一部分。

第二种情况就是我们所说的第三类买点了。盘整背驰后的下跌段，下跌背驰点在中枢区间之上，由于这时次级别下跌的中枢已经形成，那么在背驰点后就必然要再次上涨，这种类型的上涨多数属于主升浪。

从形态上看，以上涨为例，第三类买点的构成有三种情况：上涨+下跌、上涨 + 横盘、横盘 + 下跌。

上涨 + 下跌不用多说，第一章第四节中基本都是这种走势。

上涨 + 横盘是实际操作中力度最强的一种，很多股票在长期横盘后，放量突破横盘区域，随后强势横盘整理，构成传统技术分析中“美人肩”的形态，后面的上涨往往非常迅猛，其理论根据就在于此。

第三种横盘 + 下跌走势有两种情况：一是中枢的第 N 段向上的次级别走势中枢位于原中枢的上沿中或之上，而在这个次级别中枢出现之前，次级别走势是无法完成的，这时就构成横盘 + 下跌回抽的情况；另外一种和前一种差不多，但次级别中枢前的上涨是以跳空实现的，也就是说在第 N -1 段向下次级别走势的背驰点，随后的上涨直接是一个跳空，在中枢范围之上开盘，而次级别走势是必须完成的，这时就会因为次级别中枢的必然出现而出现横盘。但“横盘 + 横盘”的情况是不存在的，因为两个同级别的横盘相重叠，将构成更大级别的中枢，相对于前一个中枢而言，就成了两个同级别中枢的上涨趋势了。关于中枢扩张与扩展的问题，在后文中会单列一章，这里就不多介绍了（关于这部分内容，缠论的原文前后矛盾，原文中讲两个次级别走势组合有这三种，回复中讲上涨与横盘这一类中两个走势的中枢级别不同。根据实际情况的总结与分析，笔者认为原文中的盘整指的不是盘整类型走势，而是盘整形态，如此才能解释理论推导，类似的情况在缠论原文中比比皆是，这也是造成缠论难学的原因之一）。

需要注意的是，第三买点后并不是一定出现次级别上涨，尤其是第三买点的位置临近前面的大型盘整区域时，往往形成更大级别的中枢震荡，第一章中的“宝新能源”图（1 -49）就是属于此类。但之所以说第三买点必然盈利，就在于即使后面是更大的中枢震荡，也是由第三买点后的“构成中枢的第二个次级别上涨”为前提的，而这个次级别上涨的盈利空间是必然的。

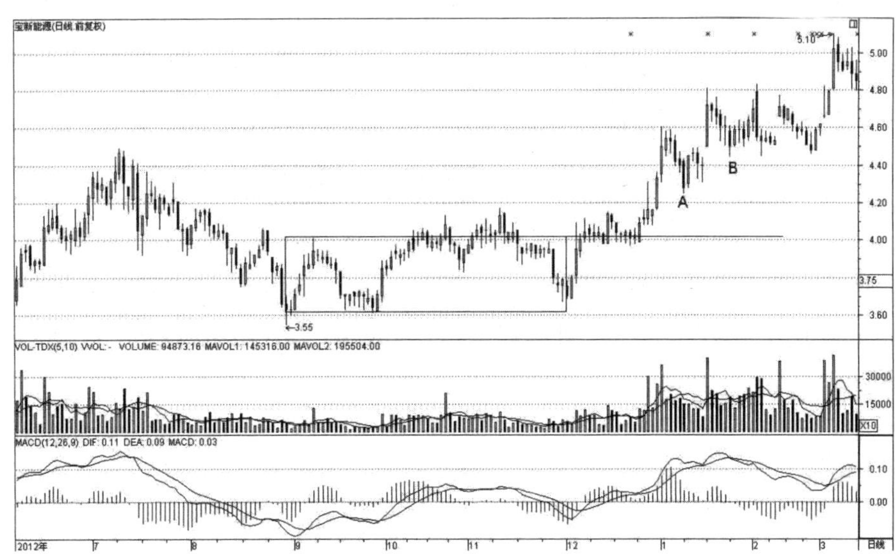

图 2-34

图 2-34 方框内是一个日线级别中枢，AB 是次级别走势离开中枢后的次级别回调。从 A 点开始，展开新的一个日线中枢，这就是第三买点后中枢扩张的典型案例。

图 2-35

图 2－35 是光线传媒的日线图，中枢 A 之后的次级别离开，其次级别返回在 B 点结束，形成标准的第三买点，随后展开主升浪。次级别上涨与中枢扩展都是第三买点后可能出现的情况，但之所以第三买点安全，是因为即使发展为中枢扩展，也有高点可以让资金从容地带着利润离场。

图 2－36 是 2010 年的第一牛股成飞集成主升浪走势，属于标准的上涨＋横盘的第三买点形态。严格地说，在第一个一字涨停前的五根 K 线横盘同样属于第三买点的范畴。相对而言图 2－36 更直观一点，图 2－37 是一字涨停之前的走势图。

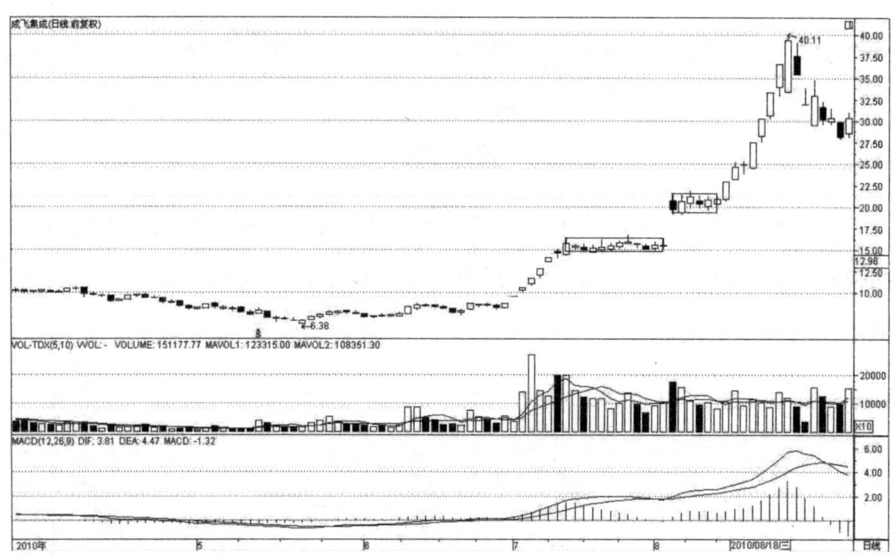

图 2－36

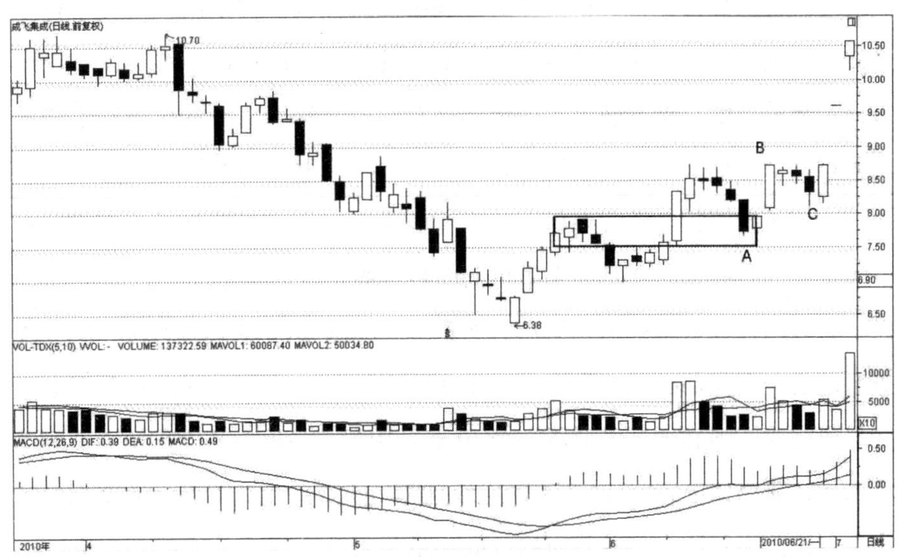

图 2－37

图2－37 中，A 点之前是个30 分钟中枢，AB 与 BC 共同构成5 分钟次级别上涨 +5 分钟次级别下跌，下跌低点不破中枢的第三买点标准，这同样可以看作是第三买点。至于同样是第三买点，为什么有的涨幅大，有的涨幅小，有的中枢扩展，这在逻辑上都是后面的事情。

4. 背驰与三类买卖点的再分辨

背驰与三类买卖点属于缠论理论中基础的基础、重点的重点，这两项理论对于实际操作的重要性无论如何强调都不过分，缠论所有安全零风险的操作全部建立在这两项之上，其他的同级别分解等理论不过是锦上添花，让理论与操作更完美而已。

背驰，比较的是两段同级别走势，走势分为上涨与下跌两种，注意一定是同级别走势，不同级别走势是不存在力度的比较的。在此基础上，分为趋势背驰、盘整背驰、背驰的推广运用等三类。其中趋势背驰构造的第一买点其上涨幅度是可以预计的，就是必定回到前一个中枢区间。盘整背驰后转折是必然的，也相当于盈利是必然的，但转折点后的幅度与力度无法提前预计。另外，在中枢震荡的过程中，盘整背驰的作用就是在中枢里短线操作高抛低吸。在这种情况下，要先确定中枢内当前走势与前一个同方向走势的力度，首先确定当前走势是背驰段，然后再考察次级别走势定位买点。背驰推广运用的适用范围就大得多了，但最基本的就是必须以某一个中枢为参照物，没有中枢，什么背驰都不存在。也就是说，不论是哪一种背驰的判断，必须是某个中枢的前后走势比较。

趋势的背驰点就是第一买点。如 30 分钟级别的下跌趋势背驰，第一买点后的所有变化都必须首先走出一个 30 分钟上涨，而 30 分钟的上涨走势如果要完成，则必须首先形成一个 30 分钟中枢。中枢由三段次级别走势重叠而成，所以这个 30 分钟上涨的次级别第一次下跌就成了百分百安全的第二买点，因为三段走势重叠而构成的中枢是百分之百要形成的。在第一个 30 分钟中枢形成之后，随之面临的就是中枢的延续与中枢的破坏，其中中枢的破坏对应的就是第三买点。

首先可以肯定的是，构成某级别中枢的走势都是次级别或次级别以下级别的，而中枢震荡就相当于任何一个围绕中枢震荡的次级别走势都以次级别或以下级别的走势返回中枢内。相对应的，某次次级别走势突破中枢时，只能当成中枢震荡处理，而随后的次级别返回如果不回到中枢区间内，证明原先的中枢被破坏，当回抽的次级别走势完成的时候，价位在原中枢区间之上，则第三买点成立。

第一、二、三买点如上介绍有着基本的顺序关系，第一买点是前一个走势的结束点与新走势的开始点，随后是第二买点，这两个买点是不可能重合的。但第二买点如果在前走势最后一个中枢上形成，则本段走势的第二买点与前走势最后一个中枢的第三买点同时成立，这就是第二买点与第三买点的重合，通常对应的都是 V 形反转这种凌厉的上涨。

另外要强调的就是三个级别的同步分析。缠论的应用是一个系统，如果是按日线级别操作的，那么周线、日线、30 分钟、5 分钟就构成了对日线级别的立体分析。比如当前的日线图中，一个 30 分钟走势正处于上涨背驰段中，那么这个背驰段内的5分钟下跌背驰就不具备操作意义，因为大势是向下的。但如果是按周线级别操作的，那么5分钟上的下跌背驰还是可以短线参与的，这需要不断地看图实践总结才能具备准确的立体分析的能力。

在图形特征上，第一买点通常对应着无量漫跌或者小幅的急跌后拉起；第二买点通常对应着MACD从零轴下拉到零轴上后的两次回抽，对应的K线图会有浅浅的W形态；而第三买点一般只会有突破后下跌、突破后横盘两种。比较三类买点的上涨幅度，第一买点通常会慢些；第二买点后有一半的概率对应主升浪，另一半概率对应缓慢推高；第三买点后的上涨是最快速的，哪怕后面演变成更大级别中枢，日线级别买点后的上涨也通常会有20%之多。但缺点在于辨别的难度稍大些，因为根据理论，必须是次级别上涨+次级别回抽才行，而在实际操作中，次级别上涨+次次级别回抽后上涨也时有发生，更有次次级别回抽后演化出一个次级别中枢跌回中枢的情况，但纯以收益来看的话，无疑是第三买点的威力最大。

下面是相关走势的图解。

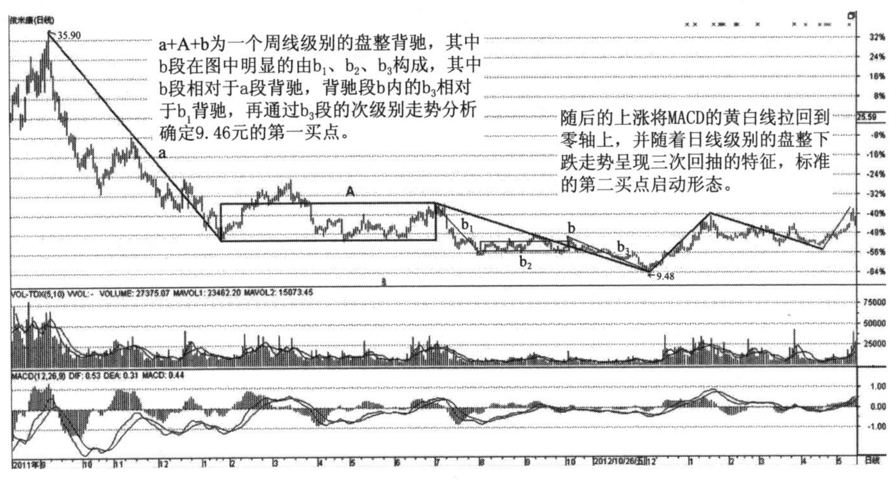

图2-38

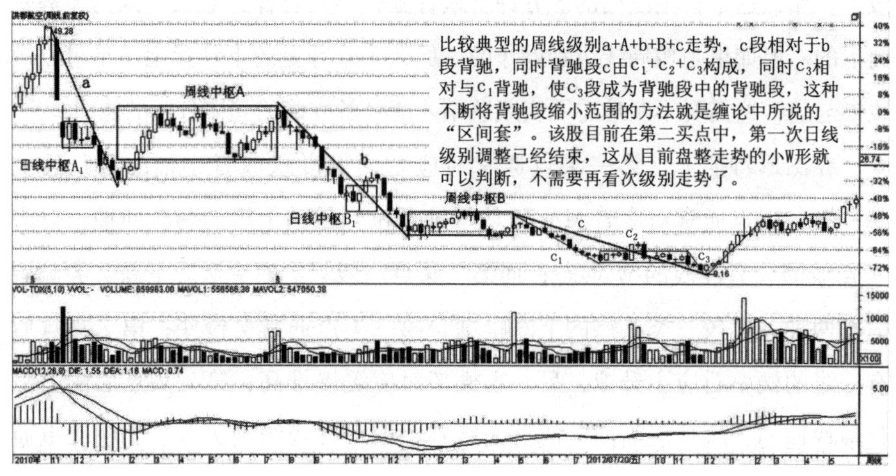
比较典型的周线级别a+A+b+B+c走势，c段相对于b段背驰，同时背驰段c由c_1+c_2+c_3构成，同时c_3相对与c_1背驰，使c_3段成为背驰段中的背驰段，这种不断将背驰段缩小范围的方法就是缠论中所说的“区间套”。该股目前在第二买点中，第一次日线级别调整已经结束，这从目前盘整走势的小W形就可以判断，不需要再看次级别走势了。
a
周线中枢A
日线中枢A_1
b
日线中枢B_1
周线中枢B
c
c_1
c_2
c_3

图 2－39

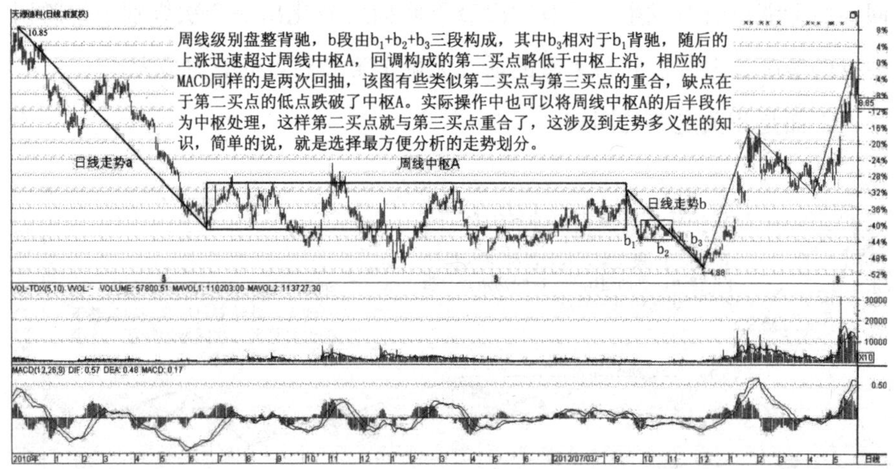
周线级别盘整背驰，b段由b_1+b_2+b_3三段构成，其中b_3相对于b_1背驰，随后的上涨迅速超过周线中枢A，回调构成的第二买点略低于中枢上沿，相应的MACD同样的是两次回抽，该图有些类似第二买点与第三买点的重合，缺点在于第二买点的低点跌破了中枢A。实际操作中也可以将周线中枢A的后半段作为中枢处理，这样第二买点就与第三买点重合了，这涉及到走势多义性的知识，简单的说，就是选择最方便分析的走势划分。
日线走势a
周线中枢A
日线走势b
b_1
b_2
b_3

图 2－40

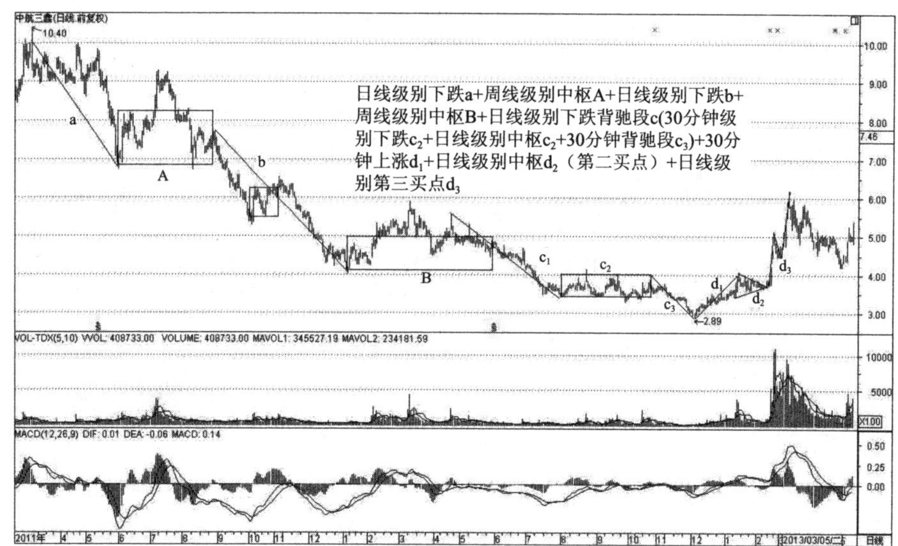
中航三鑫(日线,前复权)
日线级别下跌a+周线级别中枢A+日线级别下跌b+周线级别中枢B+日线级别下跌背驰段c(30分钟级别下跌c_2+日线级别中枢c_2+30分钟背驰段c_3)+30分钟上涨d_1+日线级别中枢d_2（第二买点）+日线级别第三买点d_3
a
A
b
B
c_1
c_2
c_3
d_1
d_2
d_3
10.40
2.89
VOL-TDX(5,10) VVOL: 408733.00 VOLUME: 408733.00 MAVOL1: 345527.19 MAVOL2: 234181.59
MACD(12,26,9) DIF: 0.01 DEA: -0.06 MACD: 0.14
2011年
2013/03/05/二
日线

图 2 – 41

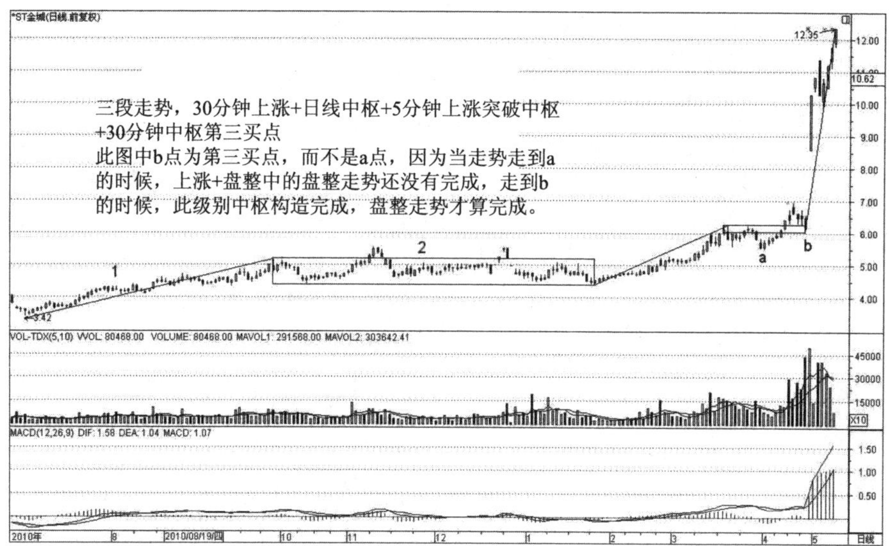
*ST金城(日线,前复权)
三段走势，30分钟上涨+日线中枢+5分钟上涨突破中枢+30分钟中枢第三买点
此图中b点为第三买点，而不是a点，因为当走势走到a的时候，上涨+盘整中的盘整走势还没有完成，走到b的时候，此级别中枢构造完成，盘整走势才算完成。
1
2
1
a
b
12.35
3.42
VOL-TDX(5,10) VVOL: 80468.00 VOLUME: 80468.00 MAVOL1: 291568.00 MAVOL2: 303642.41
MACD(12,26,9) DIF: 1.58 DEA: 1.04 MACD: 1.07
2010年
2010/08/19/四
日线

图 2 – 42

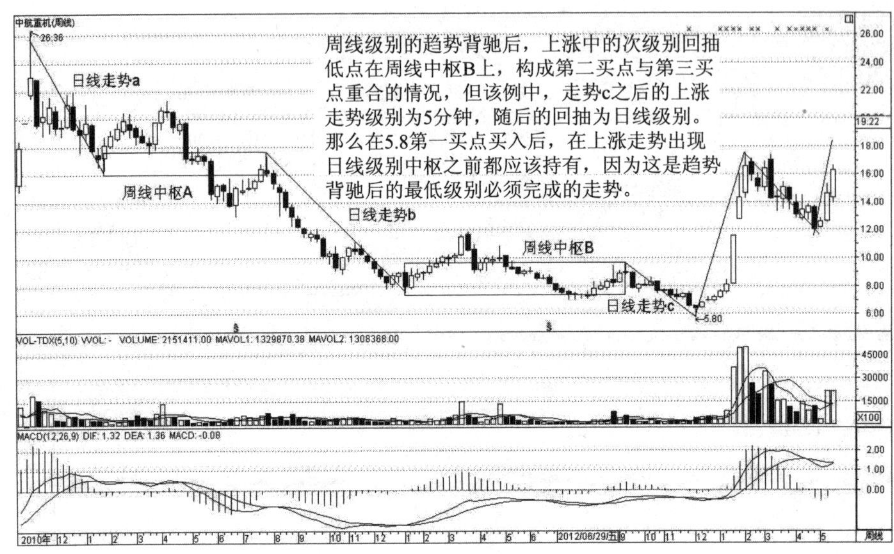
中航重机(周线)
周线级别的趋势背驰后，上涨中的次级别回抽低点在周线中枢B上，构成第二买点与第三买点重合的情况，但该例中，走势c之后的上涨走势级别为5分钟，随后的回抽为日线级别。那么在5.8第一买点买入后，在上涨走势出现日线级别中枢之前都应该持有，因为这是趋势背驰后的最低级别必须完成的走势。
日线走势a
周线中枢A
日线走势b
周线中枢B
日线走势c
26.36
5.80
VOL-TDX(5,10) VVOL: - VOLUME: 2151411.00 MAVOL1: 1329870.38 MAVOL2: 1308368.00
MACD(12,26,9) DIF: 1.32 DEA: 1.36 MACD: -0.08
2012/06/29/五
周线

图 2 –43

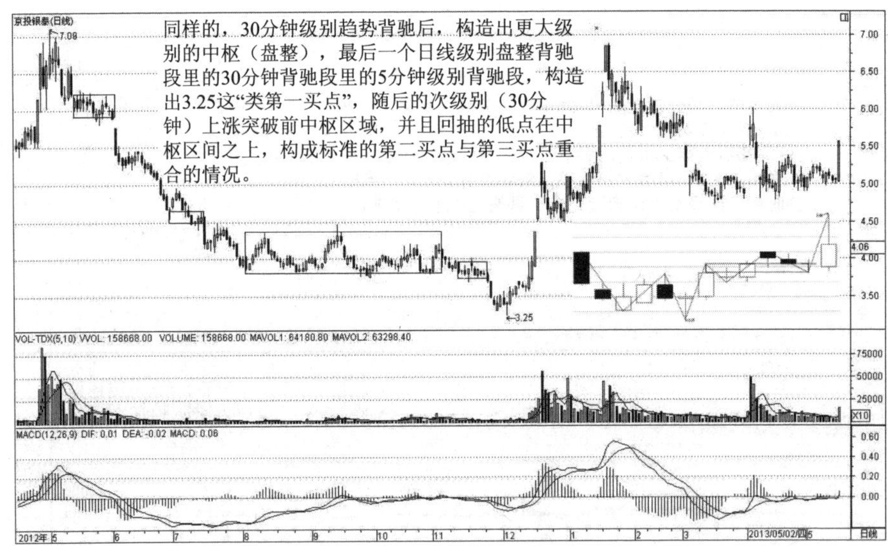
京投银泰(日线)
同样的，30分钟级别趋势背驰后，构造出更大级别的中枢（盘整），最后一个日线级别盘整背驰段里的30分钟背驰段里的5分钟级别背驰段，构造出3.25这“类第一买点”，随后的次级别（30分钟）上涨突破前中枢区域，并且回抽的低点在中枢区间之上，构成标准的第二买点与第三买点重合的情况。
7.08
3.25
VOL-TDX(5,10) VVOL: 158668.00 VOLUME: 158668.00 MAVOL1: 64180.80 MAVOL2: 63298.40
MACD(12,26,9) DIF: 0.01 DEA: -0.02 MACD: 0.06
2013/05/02/四
日线

图 2 –44

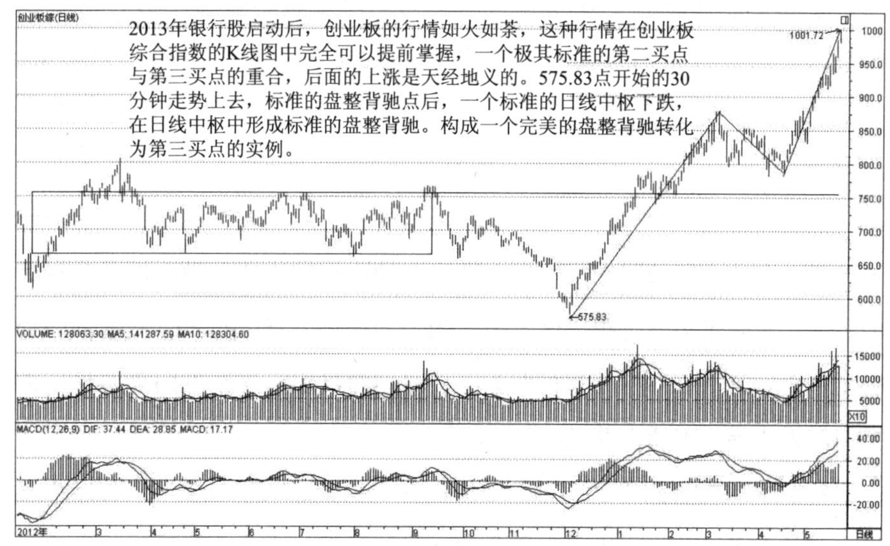

图 2－45

四、本章内容的总结

本章内容是缠论重点中的重点，一切关于买卖的基础原则全部包含在内。中枢的定义使走势类型按级别分类成为可能，从而将任何级别的任何走势图拆解，进而能够借助背驰判断走势的完结，又从中枢形成的必然性与中枢定义出发，确定了第二、第三买卖点的判断方法。

所有的买点都是某级别的第一买点，标准的第一买点是趋势背驰点。实际操作中，盘整背驰构成的买点也可以归类在第一买点中，不过在小级别中，盘整背驰点后的转折力度不如趋势背驰点后的转折力度来得确定。当然，转折是必然的。根据实际操作的经验，级别越大，盘整背驰可期待的力度越大。而在 1 分钟级别中，盘整背驰后往往一个小的横盘就化解了，那么在操作中，小级别的盘整背驰是否要参与，更多的就要根据大级别走势来确定。大级别是向上的，并且没有盘整背驰的情况，小级别的下跌盘整背驰就可以参与，反之就不参与。而在盘整背驰买入之后，如果后续走势是盘整，那就要在盘整中的高点先卖出；如果是上涨，就持有到次级别背驰为止，严格地按照程序来也不会有问题。

中枢，对离开中枢的走势有一种吸引的力，级别越大的中枢吸引力越大。那么在整个行情图中，N 个大大小小的中枢就构成一种立体的各种力的组合，实际走势就是顺着这股组合的力的方向发展。只不过观察的时间跨度越大，这种方向越具有长期意义；时间跨度小，这种方向就对短线的操作提供指导，本质上并没有什么不同。

对于本章内容的熟悉、理解与否，决定着实际操作的熟练度与准确度，初学者最好从分析历史走势开始，将所有的历史走势看懂，然后再进行交易，这样可以在最大程度上避免因分析不到位造成的损失。如果是在牛市初期，就可以从月线或季线的买点找起，这种大级别的买点是最好找的，买了就放着，然后该模拟操作模拟操作，该分析分析，都不耽误是最理想的。

|第三章|

进阶篇

看懂所有的走势变化

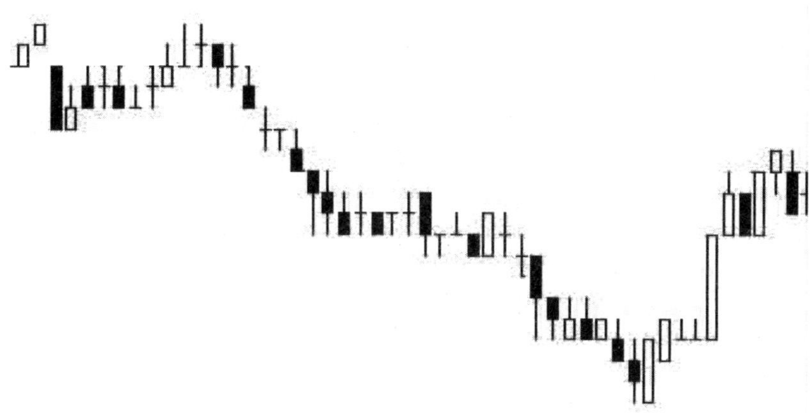

一、中枢的扩展、扩张、延续

根据定义，在次级别三次连续走势类型的重叠后，中枢就确定了。中枢的确定基于两点：第一是中枢区间的确定，第二是中枢级别的确定。当某级别中枢确定了之后，我们面对的就是中枢的演变。

中枢的演变共可分为三类：中枢的破坏、中枢的延续、小级别中枢变大级别中枢。

其中中枢的破坏也就是第三买点的成立条件，即原中枢以第三买点的形式完成，进入下一个走势类型；中枢的延续基本等同于中枢震荡，这是不用再多说的；而在实际操作中，值得注意的就是小级别中枢变大级别中枢的情况。

这种变化有两种类型：一是原中枢的震荡越来越剧烈，从而放大级别，比如说原来是 5 分钟中枢，次级别走势是 1 分钟级别的，而后震荡出两个 5 分钟走势，那么这两个 5 分钟走势就与原 5 分钟中枢发生了价格重叠，从而升级为 30 分钟中枢，前面介绍过，这是趋势背驰后的走势情况之一；另一种是两个同级别中枢之间发生交集，从而使中枢级别放大，比如在 30 分钟中枢的第三买点之后，又形成了一个 30 分钟中枢，而围绕新的 30 分钟中枢的震荡区间与围绕原 30 分钟中枢的震荡区间产生重叠，这时中枢的级别同样记为放大一级。前一种情况称为扩张，后一种情况称为扩展。当然扩张与扩展都是缠论原文中的词语，实际上就是小级别中枢演化为大级别中枢的两种情况的不同称谓，操作运用中并不一定要分得这么细。

在实际分析中，如图3－1的“宝新能源（000690）”，当图形的演变到中枢B的第一次下跌时，可以看作是相对于中枢A的第三买点，其后的走势出现了中枢扩张的情况。那么分析就要站在周线的角度，但在日线中，如图中当下走势，当然是把中枢B当作一个单独的日线中枢来处理更容易也更清晰一些，并不影响操作，这就属于走势的多义性了，其选择标准就是让走势的分解更加简单与清楚，并有利于当下的操作。

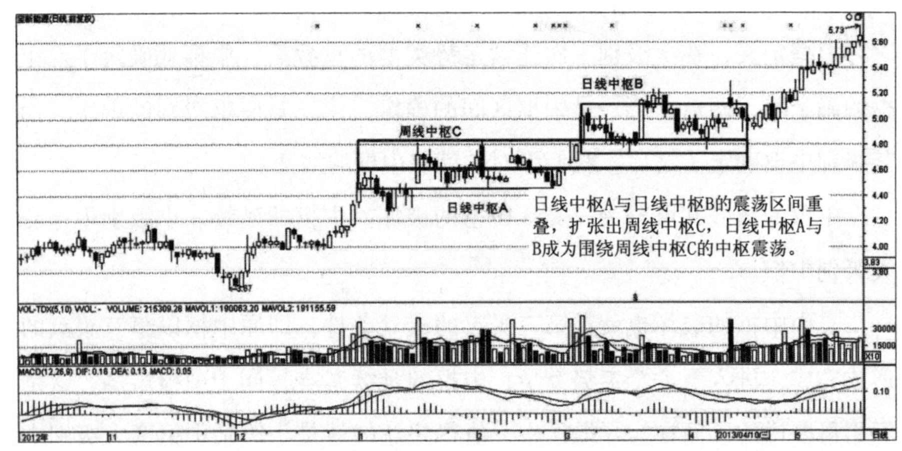

图3－1

上图是海利得（002206）的日线级别走势图，中枢A与中枢B都是日线级别中枢，细致地观察图形可以发现围绕两个中枢震荡的区间有明显的重合，这时就发生了中枢扩展。中枢区间为A的低点与B的高点，构成周线中枢C。在实际分析与操作中，中枢A与中枢B是否要做扩展处理，是根据实际走势判断的，而是否进行合并处理的原则就是利于更方便地分析后续走势，这在后面的章节会提到。

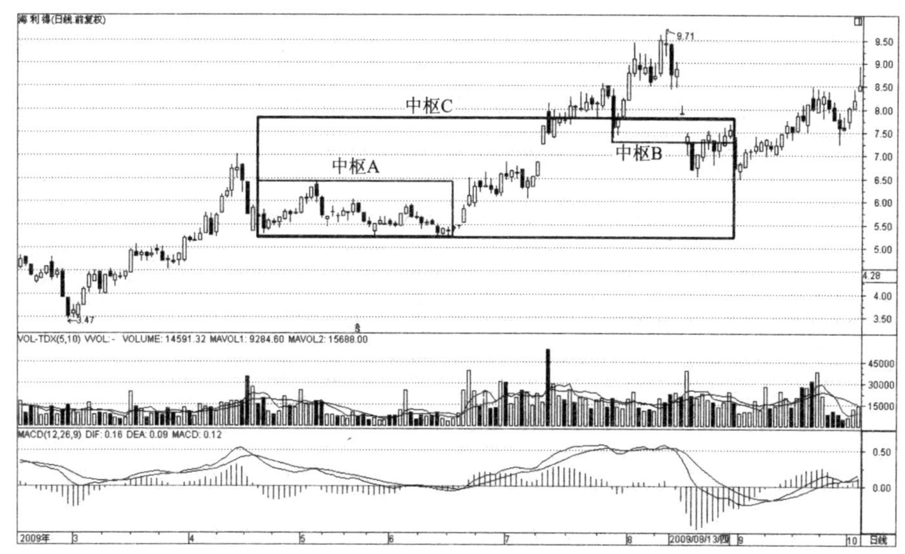

图 3－2

二、同级别分解

首先，所有大级别的走势都是从小级别走势中慢慢衍生出来的，这就意味着，任何走势图形都可以被分解为某固定级别的各种走势类型的组合。在此基础上，走势的多义性，中枢的扩张、扩展、延续都可以抛到一边。

比如说两个日线中枢扩张而成的周线中枢，在同级别分解的视角下，就被分解为日线中枢 + 日线中枢。如果选择的是 30 分钟，那就是九段 30 分钟走势的连接，不用考虑那么复杂的内容。

同级别分解的重点在于中枢级别的准确判断，而实际上在操作中稍微模糊的划分并不影响操作结果，绝对精确是构建理论架构与逻辑的必需，实际操作中买卖点转瞬即逝，又不可能去监控所有股票的所有级别的走势，这时就需要稍微模糊的判断。一般情况下，对中枢划分的练习足够多了以后，打开一张走势图，各大小级别的中枢基本上能够一眼读出，这时才算有些入门。

在同级别分解时，站在盈利的角度，就只能考虑某级别上涨与某级别盘整类型的走势。比如操作级别是30分钟，那么面对的永远是30分钟级别中枢，然后比较中枢前后走势的背驰与否，背驰就买入，不背驰就继续等待背驰。以一个上涨走势为例，第一段30分钟上涨结束后回跌，回跌不能跌破第一段30分钟走势的低点，而后第三段30分钟走势上涨，然后再回跌。这次回跌有两种情况：一是跌破第一段的高点，二是不跌破第二段的高点。第一种情况对应的是一个日线级别中枢，而日线级别中枢需要三段30分钟走势重叠，这时就比较第四段30分钟走势下跌与第二段30分钟走势下跌的力度，盘整背驰则买入，不背驰等待新中枢的形成；第二种情况，四段30分钟走势没有发生三段走势的重叠，那么还是一个30分钟走势，继续持有等待日线中枢的形成，也就是发生三段30分钟走势重叠的情况。而在中枢内部，就可以不断用盘整背驰的方法判断买卖点，而在不背驰的情况下就保持空仓等待日线中枢的形成，并在构成日线中枢的第二个30分钟级别下跌不破前走势的低点或者盘整背驰时再买进。

真正的机械化操作就是上面一段内容，这种机械化操作需要的技巧并不是太高，但对人的心境、耐心的要求是非常高的。

还有一种情况，30分钟的同级别分解遇到日线或者周线级别的第三买点的情况下，最好的操作选择当然是转换级别，按照日线或者周线来操作，以获取更大的利润。实际上在第三买点之前按照同级别分解的方式进行买卖，获得的利润也并不低，甚至在一些波动比较激烈的走势中能够获得比主升浪更多的利润，这也是常见的。

三、利润最大化的操作模式

与利润最大化相对的，就是风险最小化，而最小的风险就是零风险。

在熟练运用三个买卖点的基础上，加上同级别分解，就可以将自己的要求定得更高点，比如持有零风险股票。

在月线盘整背驰或者趋势背驰点买进后，将一半或者三分之一的资金用于 30 分钟操作，通过 30 分钟的操作不断地赚取短线利差，从而不断地降低成本。利差是不再重新投入到股票中的，当成本降为零后的所有短线利润全部用来买股票，这就意味着手里的零成本股票会越来越多，直到月线级别的卖点出现。成本降为零之前的所有短线利差再选择另外一只有着长线买点的股票继续复制以上的过程，毫无疑问，这样的获利将是巨大的。对比较大的资金量而言，就可以根据不同的级别设定不同的操作资金，将全部资金分解为对应各个级别的操作规模，如同抽水机般抽干目标股票的所有利润。

对于小一些的资金，最快的当然就是第三买点。首先要设定好自己的操作级别，然后只操作该级别中出现第三买点的股票，可以将日线或周线第二买点的股票、最好是符合月线背驰的股票挑选出来，不断地按第三买点的方法操作。一般而言，每次操作都会有不低于 20% 的利润，8 次翻倍，而且第三买点完全避开了盘整，操作好了买入后马上就是上涨，在最理想的情况下资金翻倍的时间是一个月左右。

就单只股票而言，当下的走势对应着操作级别的中枢，就有三种可能：

第一种，当下走势在中枢之上；

第二种，当下走势在中枢之中；

第三种，当下走势在中枢之下。

先看第一种，当前走势在中枢之上，对应两种情况：一是已经形成第三买点，二是还没有形成第三买点。第二种情况，中枢还在震荡中。第三种情况，对应已经形成第三卖点和还没有形成第三卖点。

对于当前走势在中枢之上，并已经形成第三买点的情况，在价位离买点不远的情况下是可以介入的。但第三买点之后的上涨已经接近完成，并与前走势形成盘整背驰，那就最好不介入，因为后面至少是该级别的中枢。没有形成第三买点的情况下，就等待第三买点的出现。

对于当前走势在中枢之中，意味着盘整还在延续，这时可以根据次级别的走势，结合盘整背驰的判断，在中枢内高抛低吸参与中枢震荡，这是降低成本的好时机。但站在同级别分解的角度上，该级别的中枢是没有操作意义的，那就继续等待中枢的破坏后再作判断。

对于当前走势在中枢之下，并已经形成第三类卖点的情况来说，这时候后面必定是下跌，所以不具备操作条件，唯一要做的就是等待第三卖点之后的背驰出现。这里的背驰有两种情况：一是相对于当前中枢的背驰，二是构成第三类卖点的反弹前后的背驰，这些背驰根据走势的级别是很容易判断随后的走势分类的。对于还没有形成第三类卖点的情况，原则上是不操作的，但如果没有其他的市场机会，构成第三类卖点的反弹也可以短线参与，方法就是比较该中枢前的次级别走势与当下向下离开中枢的走势，把当下离开中枢的走势先看成背驰段，然后在背驰段的次级别再寻找背驰点，不断地缩小买点范围直到精确的次级别或次次级别的第一买点出现。

流程图1：当下走势的判断与操作分类

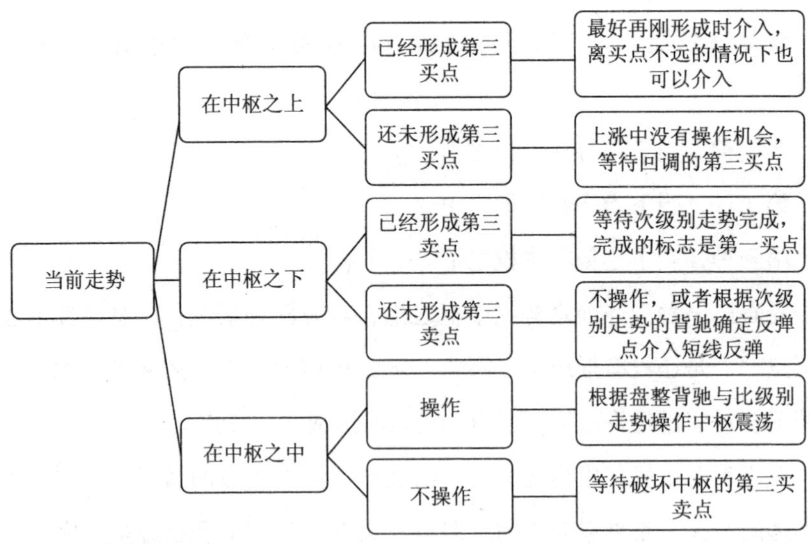

图3－3

流程图 2：第一买点后的机械化操作

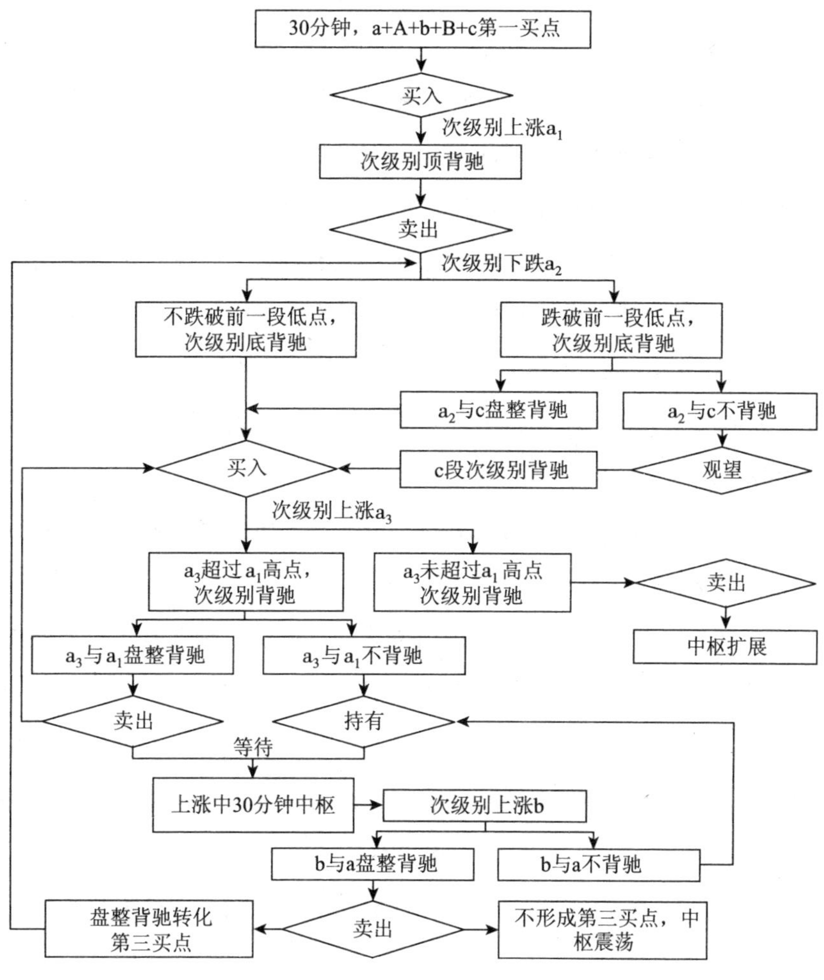

图 3-4

四、均线与板块轮动指标

牛市的板块轮动遵循着一线、二线、三线的节奏，金融板块先行拉升指数做高人气，随后其他优质股启动。但每次的行情中，板块轮动的节奏并不是固定的，虽然在大方向上也有章可循，但对中短线的实际操作却帮助不大。

利用均线，配合每个交易日的板块排行榜，就实际操作的经验来看，准确率是非常高的。

首先谈均线的使用。K线图中，当前价位所在均线的位置决定这只股票的强度等级。按习惯的5、10、20、30、60、120、250日均线系统，就把股市中所有股票分为8类，最弱的股票当前价格在5日均线之下，高一个强度的在5日均线与10日均线之间，以此类推，最强的在250均线之上。当然，这种方法如果用在日线上，发挥的作用往往仅限于牛市的起始阶段，随着指数的不断上涨，80%的股票价格都会在250日均线之上，这时日线级别均线对股票的分类就失去了意义，而应该调整到周线或者月线级别去分类。

1. 把股票走势强度按均线的划分分为8个等级，等级系数从弱到强分别为0.1、0.2、0.3、0.4、0.5、0.6、0.7、0.8，称为“强弱系数”。

2. 在某一特定板块中，根据当前价格，将板块中所有股票归入到相应的“强弱系数”中，统计出来0.1强度下的a个、0.2强度下的b个、0.3强度下的c个，以此类推。

3. 将各层次的强弱系数乘以该系数下的股票数，然后相加，即$0.1\times a+0.2\times b+0.3\times c\cdots\cdots+0.8\times h$，得出总和。

4. 再将相加的总和除以该板块内的股票数，得出的数值就是板块强弱指标。

将所有的板块强弱指标列出来，再从高到低排序，板块轮动的大致顺序就可以看得非常清楚。如果编程能力比较强，还可以将上面的公式编成指标公式，根据股价的实时变化使所有板块的强弱指标呈现在一个界面上，并将实时变化的点呈现，一个非常精确的板块轮动指标就做好了。对照板块轮动指标操作，尤其对中短线的交易帮助极大。

还有一种比较简单的方法，就是将每天的板块排行榜保存下来，每天一列地陈列在表格中，追踪各个板块的排名变化，也可以大致推算出下一轮启动的是哪几个板块，但这种方法相对于“板块轮动指标”就模糊得多了。

板块轮动指标在缠论原文中联系上下文来看，讲的是很清楚，但很多人并不习惯从整体上去看一个点，所以就造成很多人对此很难理解的问题，因此特别加了这一节，把板块轮动的计算方法完全公布出来。

此外，还有均线对应中枢的问题。中枢的级别与均线并没有直接的关系，但在实际观察中，同级别的中枢往往被相同的均线压制，这在本书第一章第一节中已经介绍过。那么在实际操作中，均线系统就可以辅助性地来判断中枢的级别，对于“打开一张 K 线图，不需要分析就直接阅读出走势之间的关系”这种要求，均线与中枢的关系算是一个小技巧。

另外，120 日与 250 日均线对股价的压制、支撑作用在实际走势中是非常普遍的，长期下跌的股票在第一次上涨触碰这两根均线的时候，往往会有回调。而在突破之后的回抽，往往也在这两根均线上站稳，这个站稳一般都对应着第二买点。

五、小级别背驰引发的大级别反转

在实际走势中，尤其是在强烈的上涨中，往往会发现有些股票的日线级别走势并没有背驰，但随后的下跌却使价格回到前面上涨的中枢区间内。比如说日线级别的 a + A + b 走势，b 与 a 并不背驰，当 b 的次级别发生背驰的时候，按正常走势应该出现中枢 B，但随后的下跌却回到中枢 A 中。这种情况偶尔会发生在比较强烈的上涨或下跌走势中，从概率上讲非常罕见。

从背驰的级别开始，某级别走势的背驰点，其背驰级别一定不可能高于走势级别。如一个日线级别的下跌，c 中的背驰点一定不可能是周线级别的，那么背驰与级别的对应关系就有两种：

1. 背驰级别等于走势级别；

2. 背驰级别小于走势级别。

第一种情况是普遍现象，例如一个30分钟的下跌，两个下跌中枢后出现背驰，考察背驰段的次级别，第一买点后的回升将会回到下跌的最后一个中枢区间内。一般来说，下跌中向下突破中枢的走势可以先看成是背驰段，而背驰段是否真的背驰，就要看背驰段的次级别完成的时候是否让背驰成立，次级别走势不断延伸最终可能破坏掉这一背驰段的成立。

第二种情况，背驰级别小于走势级别。比如说日线级别的a+A+b+B+c上涨走势，A与B是日线中枢，a、b、c是30分钟上涨，c与b没有背驰，但c的次级别发生背驰。这种情况下，后续走势的演变有两种情况：第一种是形成新的日线中枢C；第二种是c的次级别背驰点后的下跌回到中枢B中，这种情况非常少见。

对于第一种情况形成新的日线中枢C，分别对应C与B的波动区间不重叠与重叠两种情况，不重叠就意味着还是一个日线级别走势，重叠意味着原来的a+A+b+B+c并不是日线级别走势，而是周线走势中的一部分，其中a_1包含a+A+b，周线中枢A_1包含B+c+C，整体的分析就要从新的周线中枢A_1的角度出发。

第二种情况就是属于小级别背驰引发的大级别翻转，分析c段，c一定包含一个30分钟中枢，否则日线中枢B无法破坏。设c的最后一个30分钟中枢为c_1，那么c的背驰点一定是在c_1之后，而且背驰后的走势一定首先回到c_1区间内，这时就可以将这个下跌当作是围绕c_1的中枢震荡，而要继续下跌到B，就一定要对c_1形成第三类卖点。

要注意的是，并不是形成c_1的第三类卖点就一定会下跌到B区间内，而是c的内部背驰引发的下跌回到B内的必要条件是c_1的第三类卖点。

对于实际操作来说，c的背驰点后的下跌如果对c_1形成第三类卖点，就可以先出来，然后看是否形成下跌背驰。背驰就可以重新买入，不背驰的情况下，就继续等待。但是在任何情况下，下跌对c的第一个30分钟中枢构成第三类卖点，都必须清仓。

六、走势必完美

所谓走势必完美，落在分析上，就是任何级别的任何股票，都可以拆解为 N 个上涨、下跌、横盘的组合，而这些上涨、下跌、横盘又可以在次级别上被再次拆分，同时构成更高级别走势拆分的元素，并且所有的上涨、下跌、横盘可以通过中枢对其精确定义。

任何级别的任何走势必然会完结，在完结之前必然会有该级别的中枢。缠论的所有买点与卖点都是建立在这两句话的基础上。第一买点就是走势的完结点与下一个走势的开始点，第二买卖点就是中枢构成中的第一次反向走势的高低点，第三类买点就是中枢的破坏确认点。这在下一章的理论推导中可以精确地被证明出来。

有了走势必完美，才能对所有级别的所有走势的当下进行完全分类，并将后续的所有变化依据理论进行分解，将每一种变化对应相应的操作，看似无序的走势，在走势必完美的理论架构下被完全掌握。

比如从第一买点开始，30 分钟级别 a + A + b + B + c，a、b、c 是 5 分钟级别下跌，A、B 是 30 分钟中枢，那么当 c 与 b 形成趋势背驰的同时，c 就成了背驰段，根据理论可以百分百地肯定第一买点在 c 段下跌的结束点，然后再考察 c 段的次级别走势。可以肯定的是，c 段百分之百会包含 5 分钟中枢，否则 B 中枢就不能认定被破坏，那么在 c 的 5 分钟中枢的前后走势，就可以进行力度的比较，背驰则买入，不背驰就继续等待，直到背驰出现。因为走势必完美，c 段的次级别背驰段，也就是 c 段中最后一个 5 分钟中枢后的下跌走势，同样可以通过力度的比较来判断背驰，这个最后一个 5 分钟中枢后的下跌一定是 1 分钟或者 1 分钟以下级别的，同样必然会出现一个 1 分钟中枢后才能完结。通过这样不断缩小背驰段范围，几乎可以将买点精确在 1% 范围以内。

区间套是缠论实战的重点，买点能否当下把握，考验的就是区间套的水准，而区间套正是建立在走势必完美的基础上才能够成立。这种同构性与类似分形的各级别之间的相互结构，才是阅读走势的关键。对于熟练的操作者，任何一张图打开，眼中全部是各个级别的中枢，这些中枢相互影响，相互作用，在这整体结构的基础上，当下的走势如同掌纹般清晰。

七、短线、中线、长线

前文说过，所谓短线就是按 5 分钟、30 分钟操作的程度，按日线、周线操作的可以称为中线，月线以上可以称为长线。

站在买点与卖点的角度，月线级别的第一买点到第一卖点，恐怕十几年都过去了，这才是真正的长线投资。当然这种长线的选股最好结合基本面的分析来综合考量，同样的买点，不同的行业或股票，利润的相差往往非常大。

而日线，基本上两三个月甚至更长的时间才操作一次，在日线级别走势里面往往一个中枢就可以走一个月之久，周线就更长了。

短线，严格意义上是用来降低成本的，当然技术好、资金小的操作者也可以通过板块轮动来操作短线，这样的收益无疑是最大的，但对技术、心态、经验的要求就高得多。

我们粗略地将大盘走势分为牛市和熊市，而投资者的操作最好也是顺着大趋势。比如大盘的周线级别买点，哪怕是一个盘整背驰，都至少会有一个日线级别的行情，这时当然是以中长线持有为主，周线和周线以上级别的买点就更是这样了。

熊市中，理论上只操作超跌反弹与下跌中的中枢震荡，下跌反弹可以利用操作级别的背驰判断，再以均线为辅助操作。就新手而言，这样准确率会高得多。打开任何一个周期的下跌走势图，一般走势中的中枢都会被同一根均线所压制，当然这不是完全的，但大多数是这种情况。超低反弹的买点就是某级别的第一买点，买点之后的回升往往同样会被均线压制，那么在买入后就可以对顶背驰的位置提前预判（根据均线的预判不一定准确，重要的是能够判断出反弹走势的次级别顶背驰，所以均线只是辅助）。

下跌中的中枢震荡，同样可以用背驰来把握。比如 a + A + b + B + c 下跌走势中，c 并不是背驰段，在这种情况下，提前就可以知道会有中枢 C 的出现，而 C 的出现位置，就是 c 的次级别走势的底背驰点。

本章第三节已经介绍了在大级别买点买入后，通过小级别走势来降低成本的操作。在这种操作模式中，小级别买点的选择一定要看对应的大级别走势。也就是说，这个小级别的买点处于大级别走势的哪个位置。如果是在顶背驰段中，就尽量不去参与，而在第二买点后的上涨初期，就可以大胆地买进持有。同时，这种短线理应都是在中枢震荡中操作的，在中枢移动的过程中，唯一正确的操作就是持有，等待向上移动的这个次级别走势的顶背驰出现，根据理论，后面必然会形成新的中枢，而中枢震荡的操作在前文中已经介绍得非常详细了，这里就不再展开了。

另外有一种 T +0 的操作，一般是用在当日走势波动较为强烈的时机中。T +1 的交易规则允许当日内先卖后买，那么在一个明显的 1 分钟顶背驰出现的时候，就可以先卖掉一部分，等待一分钟下跌或者一分钟中枢完成的时候再买进。这种操作的风险就在于当日的波动不强，一出一进的利差不够手续费的，或者卖出后是一个 1 分钟中枢，那就相当于给券商打工了。这里有个小技巧，就是走势中的调整往往是如同二进制般进行的。比如一个 1 分钟的上涨，随后是一个 1 分钟的下跌，再一个 1 分钟的上涨，后面的调整经常是横盘式的。把下跌式的调整记为 1，横盘式的调整记为 0，各个调整按照前后顺序就形成了 10101010 这样的规律，当然这不是必然的，但符合大多数走势。

从大级别背驰段一直递归到 1 分钟级别的买点，缠论中用显微镜来比喻这个过程，有些人不是很理解。其实显微镜的说法，就是区间套的另外一种表达方式。三段走势，第三段盘整背驰，而第三段要完成，就要形成至少一个次级别中枢，对应的中枢前后走势就有背驰与否的判断，新的背驰段就一定是包含在第三段之中的，同样的嵌套可以一直放大到1分钟级别中，这就是“显微镜”的所有了。

八、买点与卖点的再分辨

这一节的内容通过一个完整的走势来说明。还是典型的30分钟a+A+b+B+c下跌趋势，c为背驰段，通过背驰段的区间套，最终确定第一买点，随后的变化就有日线级别或日线以上级别中枢，和至少30分钟上涨两种。但不管哪一种，一个30分钟级别的上涨是必然的，日线级别走势也是从30分钟发展起来的，而30分钟级别的上涨要完成至少一个30分钟中枢，这就为后面的所有操作提供了绝对的理论基础。

30分钟之前的走势只能是5分钟级别或5分钟以下级别的，30分钟中枢由至少三段连续的5分钟走势构成。上涨中枢中，这三个5分钟走势就至少依次为下、上、下三段。到目前为止，第一买点后的走势类型在同级别分解的基础上就成了四段5分钟走势的连接（这里考虑的是典型情况），第二段下跌的低点就形成了第二买点，因为根据中枢的定义与走势必完美，后面必定还有一次向上的运动，而第二买点的低点是可以通过次级别走势的分析来判断的，这不存在任何含糊的地方。30分钟上涨走势中枢完成后，面临的就是中枢的延续或者破坏，针对延续的情况可以通过中枢震荡来掌握，而破坏就是第三类买卖点的形成条件。

这里以向上破坏为例。在30分钟中枢的N次5分钟级别走势震荡后，第N+1次走势突破了中枢区间，并在中枢区间的上方形成5分钟顶背驰，这时就要考察第三买点是否能形成，最终看的是5分钟顶背驰后的走势。最终，这个5分钟级别的回调在背驰或盘整背驰后，低点在30分钟中枢之上，这时就可以确定原中枢的破坏与第三买点的形成。根据走势必完美，后面至少有一个向上的次级别运动。随后的走势在中枢前后两端没有盘整背驰的情况下，最终把第二个30分钟中枢建立在第三买点上方。再后面的

5 分钟级别上涨，如果出现背驰，那么就要知道第一卖点快到了，走与不走根据操作级别与资金容量来决定，资金量小的就可以在这里清仓，因为后面只有日线或以上级别中枢、至少 30 分钟下跌两种走势。

第一卖点之后，根据理论，下跌至少会回到前 30 分钟上涨的最后一个中枢区间内。这时如果操作者比较激进，就可以再根据这个 5 分钟下跌走势的次级别判断 5 分钟下跌的第一买点，这个买点之后，回升是必然的。当这次回升的高点在第一买点之下形成（这里同样可以次级别走势来判断这个上涨走势完成与否），就构成了第二类卖点，后面的走势必定会与前面的走势重叠出一个新的中枢。在实际走势中，这个中枢的级别通常会大于上涨中的级别。另外一种，第二卖点会高于第一卖点，这种情况下走势必然盘整背驰。有了中枢之后，一次向下的次级别运动跌破了中枢区间，并且随后的反弹高度在前中枢区间之下，这时第三类卖点就构成了。这是最后一次卖出的机会，随后空仓等待第三卖点后面的下跌出现背驰，再根据自己的要求决定是否参与。

值得注意的是，日线级别的趋势并不一定非用 30 分钟这一次级别走势来连接，而完全有可能连接日线中枢 A、B 的，全部是跳空缺口，这样整个走势就是两个孤零零的日线中枢，这种极端的情况是完全有可能的。这时，对于日线级别第一买点与第一卖点，同样可以通过跳空缺口走势之间相应的力度强弱判断，如果每天都跳空一字涨停，那当然就是最强的。理想化的情况是，任何一个操作者，要想阅读股市，打开行情图的一瞬间把所有次级别走势都过滤掉，眼中只有该级别中枢，才算基本有了阅读走势的感觉。

九、本章内容的总结

这一章的内容主要是为第二章的内容作一些填补，使理论更加完善，同时强调了对一些难点概念的理解。中枢的变化是分析中的重点，精确分析中，对中枢级别的判定起到决定性作用，不同级别的中枢相对应的走势类型与背驰段的结束判断又相应地造成影响。虽然在对理论的熟悉程度与实际操作经验丰富的基础上，为了分析的简便性与操作的及时性，可以采用模糊分析的方法，就是不去追究中枢的内部结构走势级别，而是凭感觉判断，这也是可以的，但对于不熟悉的初学者，建议还是一步一步按照定义来分析，而理论本身也需要完整。

同级别分解属于分析难度较高、但精通了之后是最省事的操作系统，收益也不会低，不过有一点要注意，就是同级别分解最好不要完全忽略大级别趋势，小级别走势一定会受大级别趋势影响的。

均线与板块轮动指标在缠论原文中其实已经讲得比较清楚，但作者跳跃式的思维呈现出来的文字让很多学习者抓不到重点，最常见的就是把“类别数”当作一个特定名词来理解。本章把详细的计算方法给出来了，但每个交易日都实时变动的数据不可能依靠手工计算，最省事的方法就是编写一套程序，算法与流程已经有了，程序语言就不再列出了。

小转大是走势中的特殊情况，一般发生在突发性的重大利空或利好后，或者其他的一些影响正常走势的因素在作用，很多人把小转大看得复杂，其实就是中枢扩展的一种形式，分析与操作中完全可以当作中枢扩展来处理，通过中枢震荡的盘整背驰比较决定买卖点。

走势必完美是重点中的重点、核心中的核心，缠论整个体系都建立在“走势必完美”之上。简单的理解，走势必完美与中枢的必然形成可以等价，复杂一点就要从整个立体的走势系统中去理解了。任何级别的任何走势都要完成，任何级别的任何走势如果要完成就必然会形成一个中枢，所有的买卖点都从这两点而来，把这两点总结起来就是“走势必完美”。

其他如操作模式、短中长线、买卖点再分辨等小节的内容更多的是为初学者提供一些经验，机械化的操作不是设计一套交易系统那么简单的事，机械化也不是指程序的机械化，而是指人的机械化，这才是股票交易最难的所在。

|第四章|

推导篇

理解理论的完备性与必然性

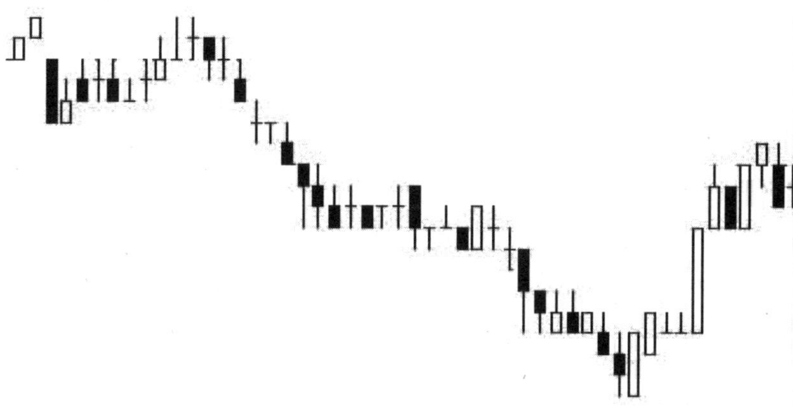

一、背驰成立的理论基础

股票，与期货、外汇等市场最大的不同之处就在于，股票的流通股本是相对稳定的，而期货与外汇市场的流通股本在理论上是无限的。

任何一只股票，流通股本都不可能经常变化，这就为股票走势的分析提供了最坚实的基础，因为流通股本的相对固定，最终会使趋势无法延续。

比如说下跌，在下跌的起始点与下跌的终结点之间的“时间”内，参与操作的投资者人数是相对固定的，这些所有的投资者手中的股票数量是相对固定的。当所有参与下跌的资金与股票中，愿意卖出的数量大于愿意买进的数量，就会造成下跌，反之造成上涨。而无论是技术原因还是突发利空的原因，消息传达到投资者的耳朵里，使投资者实际参与的这个过程，相对于所有人来说都是不一样的，也就是有快有慢，站在下跌的角度，就会使下跌呈现逐步增强的特征。而当下跌到某个支撑位或者整数价位的时候，看空的人出现了分歧，有人认为会有反弹，有人认为还会继续跌，于是多空双方开始在这个价位纠结、缠绕，最终形成盘整，也就是中枢。随后看空的一方获得外界的消息面支持，或者看空的人最终大于看多的人的力量，价格继续下跌。

在下跌这一过程中，投资者的数量不可能无限增加，愿意卖出的股票数量不可能无限增加，而看多的一方也会随着价格的不断下降而不断增加。最终，在这下跌过程中，会出现卖无可卖的情况。也就是说，在这个时间范围内，愿意卖出的筹码基本上全部卖出。这时，下跌趋势完成，而在最后的下跌段中，一定是卖方的力量不断减少，买方的力量不断增强，造成下跌走势趋缓，表现在行情图中就是背驰。上涨中的情况反过来是同样的。

这里有个正与反的问题，就是在下跌之前是不可能知道看空筹码和看多资金的数量的，但任何一个下跌，任何一个时间段内，看空筹码和看多资金的力量是基本固定的，哪怕所有的筹码都参与到这个下跌中来，最多也不过是流通筹码的总数。相对的，对买方而言，看多的资金数量可以是无限的，但市场中可供买方购买的筹码总量是有限而固定的。这就为力度的衰竭、背驰提供了图形背后的实际基础，使卖无可卖、买无可买成为指导操作的前提。

以上就可以总结出一个结论：**在某次下跌所营造的固定时间内，由于参与筹码与资本的相对固定，在不断下跌过程中，最终会出现卖无可卖的情况，也就是背驰，随后的走势将转化为其他两种走势中的一种。**

二、基础定义与推导

任何一种方法、理论，如果不能完全地理解，融入自己的思想当中去，就会一直抱着怀疑的态度，这种怀疑的态度会在很大程度上影响操作。本节的内容就是对本书前文中所介绍的所有逻辑与方法，从股市运行的本质上进行推导。

公理 1：股票的走势分为三种：上涨、下跌、横盘。

公理 2：任何一种走势完成后，必然会转化为其他两种走势中一种。

由公理 1 与公理 2 可以推断出**原理 1：任何级别上的任何走势都要完**

成，并在完成后转化为其他两种走势中的一种。

由于任何走势不可能一次向上后就永远向下，或者一次向下后就永远向上，所以就有**原理 2：任何级别的任何走势，必然包含至少一个连续三段次级别走势的重叠。**

连续三段次级别走势的重叠部分，定义为中枢。于是原理 2 就成了：**任何级别的任何走势，必然包含至少一个该级别的中枢。**

因为任何级别的任何走势，必然包含至少一个该级别中枢，而中枢由三段连续的次级别走势构成，并且次级别走势在其本级别图形中终要完成，所以有**定理 1：任何级别的任何走势，都可以分解为同级别的“盘整”、“下跌”、“上涨”三种走势类型的相互连接。**同时可知**定理 2：任何级别的任何走势，都至少由三段以上次级别走势构成。**

由上可知：

1. 下跌走势完成后，只能转化为上涨与盘整；

2. 上涨走势完成后，只能转化为下跌与盘整；

3. 盘整走势完成后，只能转化为上涨与下跌。

由上可知，百分之百的盈利点就是下跌走势的结束点。根据背驰与筹码固定的推导，这个点就是第一买点。

三、扩展定义与推导

根据中枢的定义，就可以严格地给出“盘整”与“趋势”的定义。

盘整：任何级别的任何走势中，某完成的走势类型只包含一个中枢，该走势称为该级别盘整。

趋势：任何级别的任何走势中，某完成的走势类型至少包含两个以上同方向的中枢，该走势称为该级别的趋势。方向向上为上涨，向下为下跌。

根据中枢的定义可证**定理 3：某级别中枢前后的走势，必然是次级别**

或次级别以下的走势类型。

对于盘整来说，盘整前后的两段上涨或者下跌的走势级别不可能大于等于中枢级别。

对于趋势来说，两个同级别中枢之间的上涨或下跌的走势，以及第一个中枢前与第二个中枢后的走势级别，不可能大于等于中枢级别。

同时可证**定理 4：任何围绕中枢的震荡走势，全部是小于中枢级别的走势。**

根据定理 1 与定理 4 可证**定理 5：任何围绕中枢的震荡，都可以分解为次级别走势。**

根据原理 2 与定理 5 可证**买点 2：第一买点后的第一次次级别下跌，为最安全的第二买点。**因为中枢必然要形成，所以后面必然有一次次级别上涨，反之亦然。

同样根据原理 2 与定理 5 可证**买点 3：某级别中枢的次级别走势突破中枢区间后的次级别回抽，回抽的低点或高点不返回中枢内，称为该级别中枢的破坏，为最安全的第三买卖点。**

因为所有的次级别走势在其走势级别的图形上都要完成，所以任何次级别走势都必然包含次级别中枢。又因为根据次级别中枢判断的两段围绕次级别中枢震荡的次次级别走势的背驰点为第一买点，所以得证：**任何级别的任何买点，都是某级别走势的第一买点。**

因为趋势中含有至少两个同级别中枢，而中枢的破坏是因为次级别的离开并次级别返回不回到原中枢区间内。根据趋势与中枢破坏的定义，可证：**趋势中，围绕各个同级别中枢的震荡之间没有重叠。**也就是说，在趋势延伸的过程中，所有中枢都是同级别的，而要形成更大级别的中枢，只能是趋势中的某两个连续的同级别中枢的震荡区间产生重叠。于是，可得**走势延续定理 1：在更大级别的中枢形成之前，该级别走势将延续。**也就是说，在前后两个中枢的震荡区间重叠之前，只能是该级别的趋势或盘整的延续。反过来就可以证得**走势延续定理 2：更大级别走势中枢的形成，**

当且仅当围绕连续两个同级别中枢的震荡区间产生重叠。

这里存在缠论中的一个模糊点，更大级别走势中枢的形成，原文前后提到两种情况：一是两个中枢之间的重叠，二是九段次级别走势的中枢延伸。严格意义上来说，两者并不是一回事，标准的三段次级别走势重叠构成的中枢之间的重叠情况，第一个中枢有 3 个次级别走势，第三买卖点的形成需要 2 个次级别走势（一个突破，一个回抽），随后形成的中枢包含回抽的那一个次级别走势是 3 个。也就是说，两个同级别中枢的震荡区间重叠共有 7 个次级别走势。而九段次级别走势的中枢延伸，相当于在第一个中枢的区间内，再形成两个同级别中枢，一共是九段。二者显然不同。但在分析中，两个同级别中枢重叠而构成的更大级别的中枢，除了上面说到的七段次级别走势外，第一个中枢前与第二个中枢后的次级别走势加进来，同样是九段次级别走势。这样的区别在实际应用中是没有影响的，但涉及中枢定义的问题，特别提出来，下一章中还会涉及中枢定义的问题。

四、其他定义与推导

根据背驰与三个买卖点的定义可证**背驰—买卖点定理：任何一个背驰都必然制造某级别的买卖点，任何级别的买卖点必然源自某级别走势的背驰。**

根据原理 1 与定理 2 可证**大级别转折精确买点寻找程序定理：某大级别的转折点，可以通过不同级别背驰段的逐级收缩范围而确定。也就是区间套定理。**

背驰—转折定理：某级别趋势的背驰将导致该趋势最后一个中枢的级别扩展、该级别更大级别的盘整或该级别以上级别的反趋势。这个定理其实前文中已经介绍过，这里再简单说明一下。某级别趋势背驰后，因为本趋势走势的完结，必然要转化成其他两种走势中的一种。首先，这个趋势肯定包含至少两个该级别中枢，而该趋势的背驰就意味着最近的那个中枢是该级别趋势中的最后一个中枢。如果随后的次级别上涨走势在这最后一个中枢下方结束，就意味着将要形成新的该级别中枢，这与前面一个中枢是前趋势的最后一个中枢相悖；而背驰点后继续下跌意味着该趋势没有完成，这与背驰的意义相悖。那么只有一种可能，就是第一买点后的次级别上涨至少会触及前一个中枢震荡的最下端，从而使这最后一个中枢的级别扩展，成为更大级别的中枢，实质上就是更大级别的盘整。而上涨，则至少是同级别的，因为如果是次级别的就只能意味着前面的走势没有完成，或者前面的走势是更大级别走势中的一部分。所以背驰－转折定理也可以理解为：**某级别趋势的背驰将导致产生更大级别的盘整或至少同级别的上涨。**

无论是更大级别的盘整或至少同级别的上涨，首先要形成一个同级别的中枢是必然的。比如日线级别的趋势背驰，根据理论，后面只能是周线或以上级别的盘整与至少日线级别的上涨。而周线级别的盘整首先要有日线级别的上涨，日线级别的上涨又至少在形成日线级别中枢后才能完成。这样，包含三种情况中的第一种情况下，一个 30 分钟级别的上涨是肯定要完成的，这就是第一买点的必然盈利性。30 分钟上涨完成后，也就是顶背驰点，这里有两种可能：一是继续 30 分钟下跌，从而形成新的日线中枢，与前趋势的最后一个日线中枢重叠而构成周线中枢；二是横盘，也就是在顶背驰的地方形成一个日线中枢，其后继续上涨。这样就把第一买点后的所有走势可能都分析清楚了，每一种可能都有明确的定义来辨别，再对应着配合各种情况的处理，是买进、卖出，还是持有就有据可循了。

五、本章内容的总结

缠论，本质上是一套数学理论，更精确地说是一套几何理论，其理论的核心价值就在于提供了对走势完全分类的基础。在这样的理论框架中，任何时点的任何股票，后续的发展都在可掌控的范围之内。

从最基础的股票走势分为上涨、下跌、盘整三类开始推演，一直到三个买卖点的成立，这是建立在精确、严谨的逻辑推导之上的，如果不明白这个，终究入不了缠论的大门。针对操作所建立的操作系统，如果操作者自己都深表怀疑，或者理解不透彻，是没有办法长期坚持下去的。缠论本身严谨而没有任何含糊的地方，但再好的理论也需要人来操作，而世上最复杂的无过于人了。很多人在学习缠论的过程当中因为一些失败而放弃，其根本原因就在于没有真正地理解，从而对缠论的必然性有所怀疑。

学习缠论的初期，对买卖点判断得不准确是很正常的事情，尤其是习惯在传统分析方法的逻辑中操作的人，过往的操作习惯在一定程度上会干扰判断，比如习惯性的多头就会买得早了或卖得迟了，习惯性的空头就会买得迟了或卖得早了，这都很正常。正确的思想是自己去推敲理论的严密性与逻辑性，最好是自己试着去推导一遍，然后才能对理论的整体系统做到心中有数，下一步才是尝试操作，在操作过程中不断地映照理论，找到错误的原因不断调整，才有希望将操作的习惯调整到缠论的思路上来。

此外，缠论的本质是建立在人的各种情绪中的，消息、政策、利好、利空，最终都将经过人心对未来的希望落实到买与卖中来，而所有的买卖都会在走势中留下痕迹。在多头的力量从弱小到逐渐强大的过程中，空头的力量必然随之由强大逐渐弱小，因为可供交易的筹码数量是相对固定的，这样就会造成原有走势的力度从强变弱，直至衰竭。而盘整，就是在多方与空方力量大致相等的情况下而形成的拉锯。对应多方与空方的，同样可以进行完全分类，那就是空方力量大于多方、空方力量小于多方、空方力量等于多方三种，分别对应着下跌、上涨、盘整，而这种力量上的差距因为筹码相对固定的原因，是无法持续地维持某一种单边走势的，所以就有了转折。缠论所揭示出来的买卖点，就是在行情转折的拐点进行买卖。毫无疑问，这是对证券投资操作的最高要求，而要达到这种最高水准，不经过刻苦的学习、实践、总结、调整，显然是无法达成的，这与从事其他行业的成功过程是一致的。

缠论中，关于中枢方面的技术，在这里就基本告一个段落了。当然有人会对笔、线段方面的几何理论感兴趣，而这两种方向的分析，其实是可以合二为一，也可以分而为二的，这在后一章中再说。但两种方向中，关于背驰的走势动力方面的内容，与纯几何的笔、线段内容两相比较，笔、线段方面的内容可能更容易学会，因为一切都是按定义来，没有任何含糊的地方，看图说话就可以；而背驰方面的内容需要去理解，这就根据各人的天赋与勤奋程度而有了差别。几何方面的可以学会了就盈利，背驰方面哪怕理解理论了也不一定操作得好。理论上，从分型到笔，再到线段，由线段划分中枢是可以完全精确地对走势进行分析的，但实际操作中并不需要绝对精确，这就是关于背驰的动力学的优势。可能刚开始时会困难点，一旦突破瓶颈，任何级别的任何图形都可以在打开的一瞬间就判断出后续的走势分类，进而对应操作，所有的买卖点都是在出现的那个当下被掌握的。

本章的内容不多，只是一些定义的罗列与推导，笔和线段的内容并没有包括在内。当然，用笔和线段的划分来定义肯定是最精确、完整、系统的，但本书从初始就没有打算讲解笔与线段的内容，这两个分属不同方向却又辩证统一的系统，有点像佛学中“空”与“色”的关系，具体的在后面的章节中介绍了。

|第五章|

心 得 篇

关于操作的细节与心态的培养

一、如何选股

关于选股的问题，完全可以再用一本书来详细地介绍，但在本书中只能提供一些选股的思路。同样的形态，不同的股票，有的上涨幅度很大，有的上涨幅度很小，这可能有多方面的原因，但在形态上，是可以根据理论来选择相对较好的股票的。

中长线的选股，至少根据周线形态。最佳的当然是周线以上级别的下跌趋势背驰造成的第一买点，月线与季线的趋势形态比较少，那就可以从盘整背驰的角度来选股。A + B + C 构成盘整走势，在图形中，B 的高点在 A 的高点附近，C 的低点在 A 的低点之下。也就是说，C 的下跌幅度与 A 相差不大，但 C 的低点更低。这时如果 C 的下跌力度比 A 小，就构成了标准的盘整背驰，这与中枢震荡的操作是一样的，只不过级别大一些而已。这种形态起来的股票往往会有数倍的涨幅，不同的行业幅度有所差别，比如科技等发展性高的股票震荡的幅度会大些，而交通运输等较为稳定的股票震荡幅度会小些。

资金量比较小的、等待太长周期的涨幅资金利用率会差些，就可以根据周线形态和日线形态来选股。一般的股票在第一买点后的上涨速度会比较慢，但随着时间的推移会越涨越快。所谓主升浪，往往就是在周线或日线级别的第三买点之后，而在第三买点之前，都可以看作是底部的构造过程。

周线级别的第三买点，首先要有周线级别的中枢，一般在经过长期下跌后，第一买点后的上涨会把 MACD 的黄白线拉到零轴上面，随后周线行情图中的两次回抽会把黄白线拉到零轴附近，这两次回抽正常都对应着周线级别中枢。而当一个日线上涨突破中枢区间后，随后的日线级别下跌低点不跌回中枢内，标准的第三买点成立。这里要注意的就是日线级别的下跌至少由三段走势连接而成，在日线形态上起码要呈现下—上—下或者下—平—下的特征，其中第二个下比第一个下的力度小。如果是趋势 + 横盘类型，就要等待横盘的结束。同样的，要完成下—上—下的中枢，第二个下的低点不一定创新低。

按日线操作的，最好是选择周线或者月线形态良好的股票，尤其是新手。因为相对而言，级别越小的图形分析难度越大，周线或月线的图形普遍都很容易分析。这就要求操作者首先对大级别的趋势做到心中有数，然后再操作低级别的图形，这样即使判断错误，大级别的长期趋势也为资金的安全作了保障。

日线以下级别的操作是同样的，如果当前走势在日线的上涨背驰段中，对待 5 分钟或者 30 分钟的买点就要非常谨慎，而如果日线在不背驰的中枢移动中，那么小级别的顶背驰甚至可以不用关注。

在理论操作的前提下，对任何股票的分析都是立体的，即使是同级别分解，很多情况下也需要参照高级别走势。一般的操作中，三个级别的立体分析是最低限度的，比如周线级别的第三买点其实就是 30 分钟的第一买点，而第一卖点往往在日线级别中。

牛市中，资金量比较小的操作者就可以将已经构造出日线或者周线级别中枢、但还没有拉升的股票单独列出一个板块，在这个板块中不断地选择第三买点操作，如果没有第三买点的操作机会就操作中枢震荡。这在牛市初期，也就是第一次轮动的整个过程中可以反复更新股票池，不断地操作。

熊市中，操作的重点就是超跌反弹与中枢震荡，那么就要根据这两个重点来选股。超跌反弹就要选择趋势背驰的股票，级别最好稍微大些，在30分钟以上，最终选择的一定是第一买点距离前一个中枢下沿最远的股票，因为理论保证了反弹至少回到中枢下沿。而中枢震荡，就要看次级别背驰了，a + A + b 走势中，b 相对于 a 不背驰，但 b 的次级别出现背驰，这时就意味着中枢 B 要出现了，后面的操作就是中枢震荡的把握，相关的操作方法在前文中已经全部介绍了。

二、选择操作级别

任何一个投资者，在进入股市操作之前，最基本的就是根据自己的资金量和空闲时间来决定自己的操作级别，资金量小的可以选择5分钟或者30分钟的短线操作，资金量大的就最好选择至少日线级别的操作，因为小级别的买卖点不一定能够容纳那么多的成交量。

选择了操作级别之后，就不要轻易地变动了，否则操作的节奏很容易乱。如果一会儿按5分钟级别操作，一会儿按日线级别操作，那很快就把自己的操作节奏打乱了。在确定了操作级别之后，比如说30分钟，那么30分钟以下级别的走势就全部归为次级别走势段。也就是说，不管这段走势是什么级别，都按照次级别来处理，具体的处理方法就是“凡是有着明显的高低点的走势，都当作是次级别走势段”。这样就把整个30分钟走势划分为N个5分钟走势的连接，然后再确定中枢，选择判断背驰的两段走势，从而确定买卖点。

这里唯一需要注意的就是T + 1的限制。短线的操作，比如5分钟的买点后，本来在当天就可以走出5分钟的卖点，结果由于T + 1的限制而无法卖出，尾盘回跌再加上第二天低开，搞不好还会亏损。那么在操作中，就要注意交易的时间，最好是在下午尾盘进入，避开 T + 1 的限制。当然如果是为了盘中的短差，同一天内先卖后买也是可以的，但前提就是大趋势上涨以及盘中震荡较大，有些股票一天的振幅甚至可以达到20%，把握好了，当天收益是可观的。

根据实际操作的经验，1 分钟级别的走势在盘中就可以结束；5 分钟级别走势有时在盘中结束，有时隔夜结束；30 分钟级别走势，短的两三天，一般在一两周内，长了十多个月不等，如上海大盘从 6124 点下来到 1800 多点还是一个 30 分钟走势；日线的一买一卖往往时间跨度在一个月以上；周线以上就更长了，一年两年都说不定。

决定操作级别的因素，除了上面提到的资金量和空闲时间，还有更重要的就是自己的操作个性。有的人就喜欢短线操作，中长线的持股缺少足够的耐性；有的人习惯中长线操作，短线不太习惯。这都不影响最终结果，关键是要有正确的理论来指导。

三、机械化操作

在前文中，有个 30 分钟级别的操作流程图（见图 3 –4），那只是机械化操作的示例，真正的操作还是需要人来完成的。

股票是用来看的，不是用来想的。理论中的各种走势类型的划分是非常明确的，买点与卖点没有任何含糊。熟练的操作者是没有操作纪律的，因为买点与卖点的操作已经是一种感应。买点到了买入，卖点到了卖出。在操作中不受任何情绪干扰，这样的效率无疑是最高的。要达到这种心理素质，除了长期的练习之外，对心性的培养更加重要。技术永远是死的，掌握技术的人却是不定的。

市场中的股票只有三种：买点上的股票、卖点上的股票、正在构造买卖点的股票。相对应的，买点到了就买入，卖点到了就卖出，没有构造出买卖点的股票就等待买卖点的出现。根据理论，买点都是在下跌中形成的，卖点都是在上涨中形成的。在大阴线中出现的买点不敢买入就是恐惧的问题，连续的大阳线中不愿意卖出就是贪婪的问题。不把这两种情绪克服了，形成只关注买卖点的心态高度，再好的理论也是枉然。

在看盘中，尤其是在买卖点的附近，心理上普遍是有点紧张的。买点买、卖点卖，这种操作习惯长期坚持下去，按缠论原文中的说法是有一种心理感应，从而形成习惯的操作韵律。这种韵律一旦形成，对长期稳定盈利有着根本性的帮助。对于初学者，买卖点判断错误的情况是很正常的，笔者也是同样。这时需要做的就是坚持，坚持按照买卖点来操作，坚持分析错误原因，坚持总结，这有个学习的过程及心态培养的过程。

影响机械化操作的因素，大多是急躁，尤其是急于盈利的心态。在操作中转变操作方法追涨杀跌，这时离大幅亏损也就不远了。避免这种情况的条件就是，投资进股市的钱，一定是不能影响正常生活、没有利息压力、可供长期投资的资本，并且度量好亏损的量，想好 50% 的亏损是否是可以承受的。如果不能承受，度量多大幅度的亏损是不影响正常生活而可承受的，然后再决定自己的入市资金规模。此外，因为个人性格原因造成的急躁情绪，就只能依靠自己的心性调整来慢慢培养了，这不是一朝一夕的事情。根据笔者的经验，可以用练毛笔字、打坐、专注阅读的方法来培养。如果实在无法调整过来，最好的方案就是退出市场。股票，只是一种投资手段，哪怕没有，日子还不是一样过！

相对于买卖的精度问题，买卖的节奏更加重要，而且节奏一错就容易步步犯错。上涨中是先买后卖，下跌与横盘中是先卖后买。先买后卖赚的是利润，先卖后买赚的是股票。在正确的操作中，持有的股票数量应该随着股价的不断上涨而不断增加，增加的股票就是靠先卖后买赚来的。比如周线级别刚刚开始上涨，30 分钟级别的趋势顶背驰就可以先卖出，等待下跌背驰出现后再买进。一般这样的操作可以在同等资金规模下将股票数量增加 10%，原来 50000 元买了 10000 股，跌下来后同样的 50000 元却买了 11000 股，而由于大级别的上涨还在继续，价格又回到 5 元一股。一下一上，一卖一买，股价没变，但资金总额和股票数量都增加了。

四、关于中枢与笔中枢

笔、线段与中枢，分别对应着股票走势的不同阅读语言，本书中没有涉及任何有关笔、线段的问题，就是基于这最基础的认知。

笔、线段，本质上是一套几何系统，中枢对应的是动力系统。不可否认的是，通过最小级别的分型，笔、线段的划分，逐级向上对应，可以划分出最完美精确的图形走势，但在实际操作中，这几乎是不可能的事情。线段只能被线段破坏，也就是说，第一买点后，只有在第二买点才可以确定前走势的结束，这样就无法把握第一买点这一战略制高点。专于笔与线段的学习者，从严谨精确的小级别划分，到操作级别走势的完全划分，或者在同级别分解角度上的严谨划分，最终都会对中枢形成一种不需划分就可以直观的水准，实际上就是仍然回到中枢理论中来。

从难易度上来讲，笔、线段理论是最明确易懂的，因为所有走势都可以根据定义进行最准确的分析，甚至任何一个初学者根据理论都可以通过笔、线段的划分找到买卖点。中枢部分的理论缺点在于不易理解，一整套逻辑与数学系统对于理科不太好的初学者几乎是场灾难，而一旦理解通彻了，就一切已过万重山。突破理解瓶颈的那一瞬间，就是能够对走势形成感应的状态。这也是学习缠论的操作者中，笔与线段的学习者比较多的原因。

从理论的整体性来看，笔构成线段，线段重叠构成中枢，这是基于理论的严谨性。两者有互通的地方，但也可以各自独立存在。就纯中枢的分析，在任何级别的走势图中，将所有有着明显高低点的走势段全部当作次级别走势来操作，实质上并不影响操作结果，反而因为中枢的易读性，让操作者在打开图形瞬间就可以把握走势状态，从而对后续的走势进行分类。熟练的话，这都是在一秒钟内就完成的事。

缠论的显性根本在于分类，分类的基础源于“走势必完美”。根据理论，在任何级别的任何图形的任何当下，都可以对后续走势进行完全的分类，这才是学习必须理解的核心。

对学习者而言，笔、线段与中枢理论全部精通，无疑是最理想的状态。而在初学时，最好根据个人特点来选择从哪个方向入手，怕的就是两者都学了，两者都不精通。

五、中枢的定义

以数学表达式来定义的中枢，在缠论原文中有详细的论述，不再多介绍。从理论上来说，中枢就是为“走势必完美”提供支持。用不太严谨的说法，走势必完美＝中枢必然形成。中枢，使所有级别的所有走势有了分类的根据；而走势必完美则为区间套，也就是不断地精确买卖点提供理论基础。从本质上来说，中枢就是为了实现走势的完全分类而设定的走势标签，这个标签是不是三段连续次级别重叠其实并不重要，Z 形的下跌同样可以将重叠部分作为中枢来处理，比如说 5 分钟下跌 +1 分钟上涨 +5 分钟下跌。首先，任何一个 5 分钟走势都可以拆解为 N 个 1 分钟走势的连接，这是毫无疑问的。设第一个 5 分钟走势的结构为 $a_1+a_2+a_3\cdots+a_n$，1 分钟上涨为 f_1，第二个 5 分钟走势的结构为 $b_1+b_2+b_3\cdots+b_n$，那么这个下跌就可以表达成：

$$(a_1+a_2+a_3\cdots+a_n)+f_1+(b_1+b_2+b_3\cdots+b_n)=(a_1+a_2+a_3\cdots+a_{n-1})+a_n+f_1+b_1+(b_2+b_3\cdots+b_n)=(a_1+a_2+a_3\cdots+a_{n-1})+(a_n+f_1+b_1)+(b_2+b_3\cdots+b_n)$$

其中，a_n、b_n、f_1 都是 1 分钟走势，那么 $(a_n+f_1+b_1)$ 就是三段 1 分钟走势重叠而成的 5 分钟中枢，对应的第三类买卖点都按照这个中枢来分析，按照理论，显然是符合中枢定义与标准分析的。这样，就把每一次走势中的反弹当作一个中枢处理，对最终的分析结果是没有任何影响的，不过分析的复杂性就比原来的大得多了。此外，将构成中枢的连续次级别走势设定为4个、5个，甚至更多，本质上都是一回事，但目前采用的中枢定义，肯定是这其中性价比最高的。

抑或将中枢设定为其他的形态，名称叫不叫中枢都无所谓，从而重新根据缠论的架构与逻辑推论编织出另外一套理论系统，同样具有分析的有效性与精确性。

六、庄家、散户、分力、合力

中国传统文化中，几乎所有的范畴都是围绕“阴阳”二字展开，最经典的就是太极图。于是，两相对立的思想就随着几千年的传承流淌在中国人的血液里，而我们缺少的就是立体的思维。

庄家、散户，无疑最符合这种思想。“跟庄”，一度被认为是在股市中赚取暴利的最佳捷径，于是围绕“跟庄”展开的各种研究与分析久盛不衰。笔者并不认为这种分析毫无可取之处，只是揣摩庄家的心理对于实际操作来说，实在是无法确定的方法，而且在熊市中几乎无法操作。试盘、吸筹、打压、吸筹、洗盘、拉升、出货是标准的坐庄程序不错，所有庄家要想完整地操作某只股票都是这些大致流程，但庄家就一定要把这只股票做到底吗？基金只能持有上市公司流通市值的10%，能坐庄吗？如果不能，号称每一只股票都有庄家的理论中，基金是如何生存的？这里只举基金这一简单的例子，至于其他的金融机构，如保险、风投，以及通过二级市场并购等情况，全部纳入分析体系那也太复杂了。

任何股票，不论参与的机构与散户有多少，是否有庄家，是否有利空利多的影响，这所有的一切全部都反映在买与卖上，不能反映的就是无效因素，不纳入系统。而买与卖最终都要忠实地、实时地、准确地反映在走势中，这些所有的因素对走势的分力的总和就是市场的合力，最终的走势必然与合力的方向一致，这是毫无疑问的。中枢与背驰，本质上就是为了解读这种合力的工具。

庄家、机构、散户，共同组成决定走势方向的各个分力，庄家资金再雄厚也不可能在一天的走势中打光，操盘的过程本身就是个资金分配的过程。说到底，庄家的钱就不是钱？庄家的筹码就不是筹码？不可否认的是，庄家这个分力可能大些，但理论上完全可以看作是 N 个散户的合力，并没有什么区别。而这些钱、这些筹码，反映在走势中就构成了整个行情图，相应的有上涨、下跌、盘整、中枢、背驰，而三类买卖点，就是在这些所有分力的角逐较力有了结果的时候介入。

现实的讲，任何一只股票都不可能由某个人或某个机构完全掌控，在坐庄的过程中，关键的节点一次关键的卖出就可以打翻整个坐庄计划。坐庄，从根本上坐的是心理的庄，而不是筹码和资金的庄。

七、学习缠论的三个阶段

“三十年前，未参禅时，见山是山、见水是水；乃至后来，亲见知识，有个入处，见山不是山、见水不是水；而今得个休歇处，见山只是山、见水只是水。”学禅的三个境界套用在任何一个行业中都是同样的。

第一阶段：见山是山，见水是水。这是指对于股票还处于不知、不解的时候，看到股票就知道是股票，知道了行情图就知道这是 K 线和均线组成的。这个阶段的操作者由于缺少对股市的理解以及实际操作的经验，最容易听风是风、听雨是雨，跟风操作、爆赚爆亏都是这个阶段经常的事情。股市还好，期货与外汇的话一次错误就基本出局了。对应在缠论中，便是从刚接触缠论到实际使用缠论来分析走势的这一中间阶段。对于初学者而言，初次用缠论来分析以往走势图时，会觉得所有的上涨下跌都是有原因的，都是可以找到理论支撑的，但最大的问题就是实际操作起来却不能很快上手。对理论的怀疑也最容易出现在这个阶段，以 a + A + b 走势为例，A 已经走出来了，并且也被划分出来，后面最大的问题就是如何确定 b 走势段完成。由于所有走势在刚开始时对应的 MACD 都好像是背驰的，于是惶惶不可终日，在紧张与恐惧中持股，或者提前卖出。实践中，这是很正常的现象，是需要经过N次实际操作的经验与总结来弥补的。有一种操作，卖早了之后，发现走势还在涨，然后就怀疑自己是不是卖得太快了，随后就对后面的上涨有种不甘心的心态，于是又在上涨中再次买进，由于T+1的限制，在当天的回调中被套，这样一来，影响了心情也影响了操作节奏。遇到这种情况，卖出后就不要买进，宁愿卖早了也不能卖迟了，赚出钱来就是正确的，如果想再买进就要耐心地等待小级别买点的出现，当然，是在大级别走势没有问题的情况下。

另外，在这个阶段，还没有对理论有完整系统的理解，更缺少实际操作的经验总结，体现在操作中就是有些图形可以看懂，有些图形看不懂。比如同样的下跌，标准的a+A+b走势谁都看得出来。以下跌为例，下跌+横盘+下跌表现在图形中是非常明显的，背驰同样也非常明显，但如果是盘整震荡，下跌的走势就不像上面那么明显了，分析不到位太正常了。处于这一阶段的操作者最好是选择自己能看懂的操作，分析得比较模糊的那种图形先放着，跟踪观察，也可以模拟操作，等待图形完全走出来了再总结。

第二个阶段：看山不是山，看水不是水。这个阶段的操作者对于理论已经非常熟悉了，并且经过实践有了正确操作的理念，于是每次打开一只股票都用各种定义去划分各级别走势与中枢，力求精确无误，然后再根据分解的结果进行操作。从实际操作来讲，这样是没有大问题的，唯一的缺点就是结果的输出速度较慢，尤其是对中枢的理解不透彻，比较偏好笔、线段的阶段，每一笔每一线段划分好可能半个小时都过去了，对于行情的变化反应就太滞后了。这个阶段的操作者最好选择较大级别的走势来操作，留给自己分析、分解的空间。此外，对于本阶段的操作者来说，最快的提升方法就是用大部分的资金持有长线买点的股票，用少部分资金短线操作。随着操作经验的不断增加，本阶段是很容易突破的，所需要的只是时间而已。

第三个阶段：看山还是山，看水还是水。达到这一层次的操作者，打开任何级别的任何行情图，以一秒内决定买卖、等待，还是放弃为标准。由于第二阶段的不断实践，在本阶段中操作者已经对整体图形有了一种感应，对任何操作没有任何怀疑。这个阶段的操作者，基本上已经可以实现在股市的稳定盈利，哪怕是熊市也不会影响客观的收益，唯一需要提高的可能就是心态以及资金管理了。

第四阶段：其实是包含在第三阶段之中的，那就是不喜不悲的情绪。在股市中，操作错误几乎是无法避免的事情，问题的关键不是对错与否，而是对待错误的态度。最基本的，就是淡然处之，坦然接受错误的结果，分析原因，防止以后再犯。这与围棋、射击比赛是有些类似的，真正的围棋高手在比赛中永远是处于一种绝对冷静的状态，落错子可以，但影响了情绪是绝对不可以的。在射击比赛中，认真看比赛的体育爱好者一定可以发现，所有的运动员在发过一枪之后，等待发射第二枪的过程中，都是低着头好像在思考什么。其实那不是思考，而是调息，是稳定呼吸节奏的方法，因为呼吸得是否均匀将影响到准心的起伏是否有规律。在射击中，持枪的手是无法从根本上解决随呼吸起伏的状态的，唯一的办法就是使自己掌握这种起伏，同时在调息中使自己的心绪处于绝对冷静的状态。

可以说，前三个阶段基本上所有人都可以通过不断地实际操作与经验总结来达到，按照定义不断地调整对走势图形的认知就可以，但第四种就不是所有人都能达到的了，这涉及哲学范畴的内容，不是知道道理就可以的，而是要受持。

八、炒股与学佛

接触过缠论的人都知道缠论与禅的关系，但由缠转禅的人相信是极少数，这本身就是一种禅，同时也是一种非禅。之所以说是一种禅，是因为这符合金字塔的规律，人更容易被眼前的东西所吸引，而不愿趋向看似虚无缥缈的海市蜃楼。对于大多数人来说，学缠论赚钱是切合自身认知的、身边所熟悉的事情，而禅在心理上与认知度上永远不会有炒股赚钱那么接地气。之所以说非禅，是因为投资水准高低的比较，到最后还是取决于整个人的素养、心境、境界的高低，也可以说取决于对禅的“受持”程度的高低。

贪婪、冲动、怀疑，是所有股市操作者在一次次的被套、踏空中都深有体会的，而市场已经在下跌还深信不疑会上涨的“痴”，以及深信自己水平很高，可以进行当日对冲操作的“慢”也并不罕见。贪、嗔、疑、痴、慢，这五种情绪可以说在股市中表现得淋漓尽致，任何一个成熟、稳定、成功的操作者，都必然经历过这些情绪，并最终通过自己的努力克服了这些情绪。在一定意义上，这就是修禅、成佛的过程。

股票的行情图，是资金堆砌起来的，而在这些资金的背后，驱动力正是各种情绪。所以股票行情图本质上就是各种情绪的交织，最终这些情绪通过买与卖在图表中留下痕迹。就股市而言，哪怕用概率分析的方法，结合趋势、均线的分析，就长远来看也是盈利的，关键是能不能控制自己的情绪。

交易，在电脑中几秒钟就可以完成，关键是看这几秒钟是大脑指挥手，还是眼睛指挥手。相信眼睛看到的，而不是大脑分析的。很多人有一种操作习惯，就是看到某个心动的走势就去找历史中类似的上涨走势，然后幻想买进后就怎样怎样。这样的习惯不改变过来，在股市中永远不会有大成就。还有一种，短线被套了，就去找各种正面的消息来抚慰自己，利好、发展前景、资本注入等，欺骗自己还会涨上来，结果一直持有到底背驰，实在不堪忍受，终于卖出了。就人的心理来说，这都是很正常的自我保护意识在起作用，但炒股，最终需要学习的就是去克服这些东西。

但以佛学的话来讲，“你本身就没有情绪，何来的控制情绪？”控制，本身的出发点就错了，最终是流于术的范畴，还在技巧里打转转。将自己看盘时的心绪调整为“无心绪”才是根本的解决之道，这就不是文字能够说明的了。

九、我们应该具备怎样的长期性投机思维

在股市，对一般的散户而言，最终能够保持稳定盈利的，只有三种人。

第一种：天才型短线作手。不需要基本面，具有远胜常人的盘感与执行力，这种类型不需要什么耐心，技巧很重要，但比技巧更重要的是手起刀落的杀伐决断能力，这方面性格因素非常重要，并且后天很难培养，所以说是天才型。这种类型的股票作手，资金增长速度最快，但要求也最高，对悟性、秉性、天赋这些不可求的因素要求比较高。一旦资金增长到一定级别，就会遇到瓶颈，因为大资金不可能天天短线，与小资金相比，资金与股票的互换速度将大大降低。

第二种：基本面与技术面的大致结合。为什么是大致结合？因为这种类型的操作，并不需要很高的技巧，只需要具备一点基础的常识，然后加上耐心就可以。在技术面相对低位的地方买进，然后什么都不用做，等待即可。至于卖出？很多常识其实就是真理，所有人都投入到股市中，就可以离开了。这种操作的利润不一定很大，但一定有。持续的增长，随着时间的推移，整体收益也是很可观的。这种方案是最适合普通人的，在以前的文章中有过详细介绍（详见我的微信公众号）。

第三种：基本面与技术面的完美结合。从市场的底部开始入手，通过技术面的帮助，踏准轮动节奏，并在持股阶段根据短线走势进行降低成本或者增加筹码的操作，这样的操作是很厉害的，一般人无缘企及。这种类型的操作，对技术面的要求非常高，同时要求能够通过基本面的分析看清主流板块的轮动，还需要耐性、韧性的配合，以及降成本运动中手起刀落的果断。

股票，并不比其他任何行业简单，通过配资撞上大运短期暴利的类

型，一般都会起于配资，死于配资，这样的例子太多了。能够急流勇退保存利润的，好像整个中国历史上也就范蠡、王阳明等少数几人，这方面，千万不要高估自己。而从上面的分类也可以看出，你的专业程度，将极大地影响你最终的成就，这与其他行业并无二致。

无论上面哪种方式的操作，都会有一个共同的前提，那就是只做正确的事情，奖赏大小留给市场。这与“只管为善，勿问前程”类似，任何一笔交易，赚了多少钱其实并不重要，重要的是这笔交易能赚钱，复利就是最大的黑马。技术面与基本面，基本面有时可以决定中长线收益的多少，以及爆发力度的强弱，但就技术面而言，最终受益的多少，根本上是由操作次数与平均受益相关的，而且长期波动并不会太大。

正确的操作、确定性交易，这其实就是技术面操作的全部，价位、点位、百分比，都是后面的事情。当然如果有那个技术，每次操作都能拿到涨幅最大的股票，这样当然很美，但想得太美往往无法实现。根据技术理论，买点之后的利润是一定有的，这是可以确定的，但利润的多少、力度的强弱、走势的持续性有无，这些都是不确定的。在这不确定的市场中，只去操作确定性的交易，这才是一个优秀的股票作手所需要的品质。在这个市场中，真正的高手从来都不是那些专门持有黑马的人，而是该买的时候买、该卖的时候卖的人。急躁，往往就是股票投机事业最大的敌人。

像上面的三种类型，无论是短线、中线，还是长线的操作，在介入当下，能够确定的有：这是某级别的买点，有可能有益于上涨的基本面或者政策面因素，后面有利润。而不能确定的是：涨多少、涨多久，以什么形式涨。只有真正走出来了才能知道，在这以前，一切对这三个问题的预判，都属于预测，这是神仙干的事，与我们无关。

关心买卖点，不要关心价位，甚至不用关心这单赚了多少，持续地去做正确的事情，时间自然会给你最好的回报。不要空有赚一千万的志向，却只有五分钟的耐性。

十、缠论的有效性问题及其他

只要市场是以时间不可逆为前提，向右方发展的价格曲线，以及多人参与不可逆交易的本质不变，缠论就永远有效。所不同的，只是在期货与股票上，由于筹码数量的稳定性与否，决定走势分析的不同。一个基于几何图形与买卖能量本质分析的股票分析理论，不会因为其他任何原因失效。

股票，是经法律规定可以合法用来交易的废纸，纸上写满了故事，仅此而已。而交易者，虽然现在交易机器人的出现可能会在一定程度上影响人的行为的同构性，但毕竟是少数。而且即使是交易机器人，也仍然要通过实际的买卖行为来执行程序。而任何实际的买卖行为，都会通过金钱与股票的交换，在走势中留下痕迹。

走势是不患的，也就是走势必完美的结构是不患的，是走势一定会满足的形态。而在这不患中，那些顶与低出现的点位与时间，以及走势在满足走势必完美后的变化，是永远存在的患。但这种患，在走势结构的同构性之不患之下，不患而患，当下把握。

例如，一个 30 分钟的下跌趋势，在底背驰出现后，有三种走势分类。市场如何去选择，这是无可预料的事情，也就是存在不可解决的患的问题。但这三种走势分类以及各自的边界条件，是不患的。出现 A 情况的走势，就可以当下确认市场选择的是第一种走势分类，B 对应第二种，C 对应第三种，如此而已。

还有，同样在一个 30 分钟下跌趋势的底背驰出现后，首先可以判断该 30 分钟走势类型的结束，以及随后的第二个 30 分钟走势类型。这第二个 30 分钟走势类型究竟是盘整还是上涨，在走势走出来之前是患的，但无论是盘整还是上涨，三段 5 分钟走势类型是不患的，由此可以在患的基础上，通过走势必完美，使第二段 5 分钟级别下跌结束后一定还有第三段 5 分钟级别上的不患。

具体而实际的操作细节，属于火候问题，需要磨炼。但任何磨炼，都需要一定的程式以及依循切实可行的线索，这个线索就是理论本身。磨炼中，有对、有错，这很正常。即使错了，也可以根据理论，通过复盘，知道原因之所在，从而通过不断的试错与纠错，磨合出属于自己的操作系统，这才是理论的价值。如混沌理论中的思想，大自然只是赋予事物最简单的程式，而通过这程式的不断运行，最终会运行出各种适合在不同环境中生存的物种，从单细胞到一个完整物种的形成，就是对缠论的学习、实践、纠偏、完善、大成的过程，其程式就是缠论。这才是真正的混沌理论，对于缠论的意义所在。

十一、股市的不确定性与投资者的当下

股市，永远以时间不可逆的原则，向时间轴的右侧发展，并且随时可能发生走势的变化。

在缠论视角下，这些变化都在各个大小级别的走势必完美关照中，而使当下走势各得其位，这些大小级别包括任何可见级别与不可见级别。如正常的软件能显示的最小级别 K 线图是 1 分钟，那么 1 分钟以下级别的走势则为不可见级别，这些不可见级别的走势变化同样在缠论的理论范畴内，并且与其他所有级别一样，对实际走势有着自己的影响力。

在最低级别确定后，任何投资者能把握的，就只有投资者本身的当下，如今天的暴跌，在前两天的解盘基础上，是完全可以当下确认的事情。至于跌到什么时候，跌幅有多大，这些全都属于预测的范畴，均线、压力支撑位、高低点等参数，只能起到辅助作用，而这些所有的辅助条件，只有在理论观照下才有其实际意义。

如年线的压力，在一波下跌中，年线附近看不到任何级别的背驰式下跌走势，该年线就没有任何意义；即使有意义，也要等待该下跌完成后，

对反弹高度进行一个基于年线压力的预期；同样的，反弹过程中，没有出现任何背驰式上涨而到年线附近，该年线原有的预期意义就荡然无存。

对于走势结构也是一样，任何企图用统一不变的标准把所有走势结构都标准了的想法，根本就还在缠门之外。当下走势的任何变化，都有可能对前面的分段造成影响，这种影响并不是说前面的分段不正确，而是基于当下走势的情况，前面的走势分段对后续走势的参照意义不如另一种结构来的大，或者明显。这是考验分析者本身对理论熟悉程度，以及综合判断能力的比较重要的地方，换到学生时代的考试中，这里就是拉分的地方。

对结构的分析有两种：一种是纯粹围绕中枢展开，一种是按走势类型来。一般的，当中枢没有出现之前，按走势类型就可以，因为没有一个单独的中枢可供分析；而当 5 分钟图中已经出现一段 5 分钟上涨加三段有价格重叠的 30 分钟中枢后，就可以围绕该 30 分钟中枢进行分析。当然，最好的分析即是以 5 分钟的同级别走势类型分解分析，同时用该 30 分钟中枢进行分析。而在不同的组合与拆解中，如果遇到结论不同的信号怎么办？原则上，以规避风险为第一出发点，也就是在不同结论的信号中，以不利信号为主要指导依据。此外，当下的点位所触及的各种重要位置，都可以用来辅助分析，以增加不同信号之间的权重提高准确度。

笔和线段，虽然是按照统一的标准，可以对任何级别的任何走势图进行精确划分，但笔和线段系统只是针对某一特定级别的理论标准，如单独把周线或者 30 分钟级别的图形拿出来，用笔和线段可以精确划分并对后续走势进行预判。不过在实际操作中，笔和线段更利于对最低级别的走势类型的进行分段，基于级别不可无限缩小的现实，在确定操作级别后，就可以根据自己的操作级别确定最小级别，从而使用笔和线段的工具，划分最小级别的走势类型，然后再根据分好的走势类型，进行向上嵌套。而嵌套出来的结构，依然还是要回到走势类型与中枢的知识领域内，进行对走势的分析。很多人搞不清楚这一点，掉进笔和线段就爬不出来，原因就在此。

|第六章|

市场的获利机会

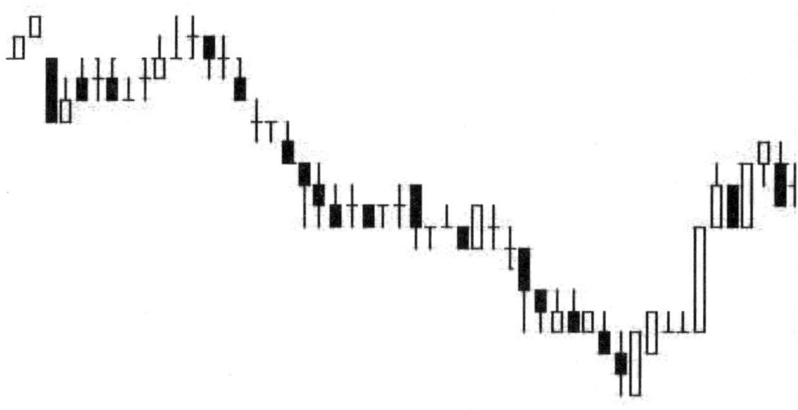

说到底，在缠论的视角下，股市盈利是不难的。从缠论出发，推演出任意级别的任意形式的买点后，必然有利润。就炒股而言，难的其实并不是技术方面的东西，而是看图操作的本能反应，这是最要紧的习惯。

就整个市场的获利机会而言，无论多空，其盈利点都存在于某级别背驰段中，这毋庸置疑。而这些背驰段，却完全可以属于任意结构的走势图形中。某级别的走势必然要完成，走势分为上涨、下跌、盘整，从中枢的角度来说，所有级别的走势类型都可以根据某级别中枢数量而完全分类——一个或者两个及以上。

对于中枢来说，最简单的图形结构就是 abc 式，也就是次级别三段完成后就结束；然后是 a + A + b 式，A 是该级别中枢；再延伸就是两个中枢的趋势，再加上一个超强走势 abcde 五段或者五段以上，且其中偶数段之间没有任何重叠。在这种分类下，所有的买入点，都可以归结到某个背驰段中。

一、盘整走势的分类

首先，“盘整背驰”，字面的意思是：某级别盘整走势类型中的背驰段。而盘整走势类型，意味着该走势只有一个该级别中枢，以次级别第一段下跌为例，共分为四种情况：

第一种情况：a_1、a_2、a_3三段次级别，其中a_1、a_3都是下跌形态，a_2可以是盘整也可以是上涨形态。

第二种情况：$a_1+a_2+a_3+\cdots\cdots+a_n$，n段次级别都有重叠区间，n≤8，n为单数时下跌，偶数时上涨。

第三种情况：a+A+b五段次级别，其中a、b是下跌形态，$A=a_1+a_2+a_3$，a_1、a_2、a_3与a、b同级别。

第四种情况：a+A+b共n段次级别，其中a、b是下跌形态，$A=a_1+a_2+\cdots\cdots+a_n$，其中n≤8，$a_n$与a、b同级别。

对于盘整来说，上面四种情况就是盘整走势类型的完全分类。也就是说，任意固定级别的任意盘整走势类型的形态，一定是上面四种中的一种。

对于趋势来说，趋势底背驰后的走势，有着理论上必然达到的高度，但对于盘整而言，其反弹高度并不一定有理论保证。在实际盘面中，盘整走势类型是极为常见的形态结构，所以对盘整背驰的探讨是任何缠论操作系统中必须进行的。

由上可以知道，盘整的四种走势结构，第一种是最基本的形态，如果连最基本的三段次级别都没有，那么本级别的中枢就无法形成。根据定义，走势只能是未完成的；而同样根据定义，未完成的走势一定完成。同样，因为任何趋势结构，必须至少有两个同向不重叠的本级别中枢，而任何本级别中枢都一定至少由次级别三段构成，这就可以推论出：任何级别的任何趋势走势类型，都一定由盘整走势类型发展而来。而任何盘整走势类型，一定是从次级别三段构成的abc型的走势结构发展而来。换言之，任何级别的任何走势类型，都一定由次级别的abc三段结构开始，也就是最基本的次级别三段结构是任何级别的任何走势类型的起始形态。

严格的走势类型完成与级别的判定，必须从最小级别的走势类型开始递归，这可能在之前没说过，这里强调一次。而对于任何一个操作者而言，每次分析都去最低级别开始递归显然不太现实，所以必须有尽可能简单的看图方法来辅助判断。也就是说，这图形看起来就知道是某级别走势类型，这对普通的单次操作已经足够好了。

对于实际盘面的走势而言，已经走出来的高低点、均线、MACD 都可以用来做辅助判断的工具。

图 6－1

图 6－1 是沪指 20150612－20160405 的日线图，K 线图中的那根均线是 MA30，也就是 30 日均线。在这轮下跌中，可以明显发现，该均线将走势进行了近似的划分。股价在该线下并被压制，是日线级别的下跌，反之为上涨，这样就可以利用均线来对走势段进行划分，这样的划分是不精确的，但足够使用。

如 4 月 5 日，目前在该均线之上，也就是之前在该均线下方时，是属于前一个走势段。图中一共四个走势段，第四段还没有完成，第三段与第一段构成盘整背驰。

为了能够更清晰地类比这种方法，下图以中小板为例（事实上沪指、深指、中小指、创指四个指数之间存在着极高的正相关关系，关于几个指数的联动性分析是实盘中分析市场方向的重要决策依据）。

图 6 - 2

图 6 - 2 中，1—2、2—3、3—4 三段，经过 30 日均线的分割非常明显，而另外一个值得注意的工具是 MACD。可以观察到，在这三段走势中，图中五个箭头所指的地方，其黄白线均有向零轴的回抽，这样就可以给从 4 开始的走势进行预先的分析。从前面三段可知，从 4 开始的走势，如果想实现上涨，必须满足两个条件：

第一，K 线必须运行在 30 均线上方；

第二，期间必须有 MACD 黄白线回抽零轴的过程。

而在纯图形的理论分析中，从 4 开始的走势并不一定就是上涨。例如，从目前位置进行下跌来延续 3—4 的下跌形态是完全可以的，那么从 4 开始的上涨走势的监控，就可以通过 60 分钟、30 分钟的类似方式来进行，这需要自己去琢磨出合适的均线，而且均线的参数也不一定就是用默认的，有时候斐波拉契数列更好用。由于这种方法是可以随着走势的变化而变化的，所以这里不准备再给出具体的均线与次级别图形，因为这里的分析只针对这里所采用的案例图形，换个股票或者周期就不一定是 30 均线了，所以这里只提供这种方法与思路，可以说是对于短线的分析。

无论对于大盘还是个股的短线，5 分钟 K 线图中的 120 均线都是生命线，一旦有效跌破就一定陷入短线调整，一般来说股价对该线的突破都会有个回抽确认的过程。

走势能够大致分段后，就可以继续讨论盘整背驰的问题。

二、三段走势的盘整形态推演

以第一段 a_1 是上涨形态为例，a_1 完成后，以盘整或者下跌形态展开 a_2，本节案例图形节选自沪指 20160127 – 20160204。

图 6 – 3

图 6 – 3 有个假设，那就是 1 位置是前一段走势的结束点，也就是底背驰点，这样才可以进行下面的探讨，而如何判断这底背驰点，在探讨中会提及，底背驰与顶背驰的原理都是一样的，不习惯的话也可以通过软件的设置将 K 线图倒置。

1—2、2—3 两段，2—3 属于不创新低的第二买点，由于没有前面一段走势，所以不好判断是不是盘整背驰段，所以只说是不创新低的第二买点。3 之后，3—4 段，4 的顶背驰通过 MACD 很好观察，况且又是在 2 位置的前高附近，一般两者结合就可以判断了。而 3—4 段相对于 1—2 段是盘整背驰段，如果说在这 5 分钟图上不太明显的话，那么在大一个级别的图中，例如 15 分钟，就很清晰了，见图 6－4。

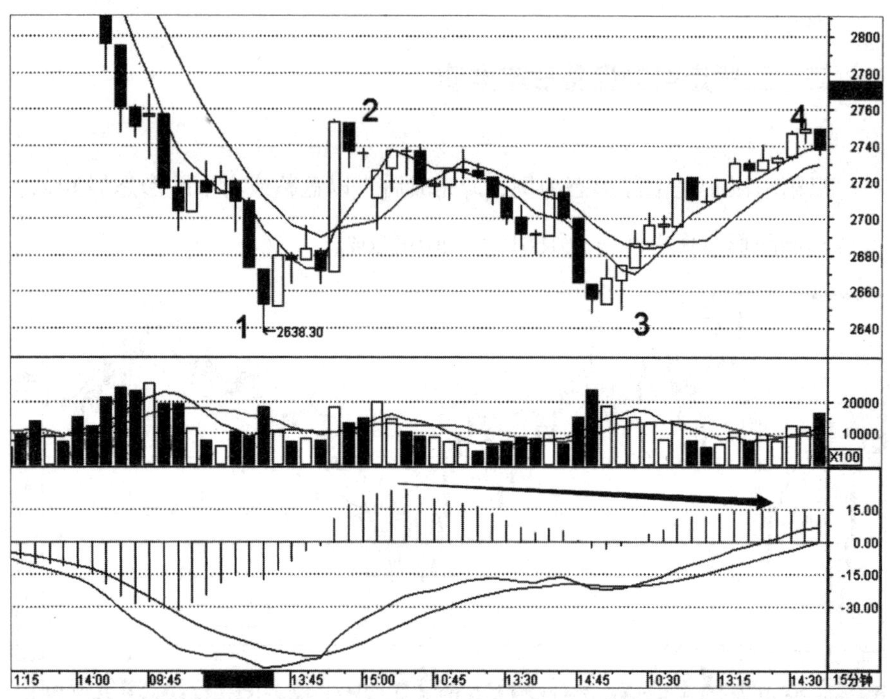

图 6－4

这样，3—4 段相对于 1—2 段的盘整背驰与力度强弱更加清晰，这是实际分析中经常会用到的。那么，通过 3—4 段的盘整背驰，与 5 分钟图上 4 位置的顶背驰，以及 2 这一前高压力位附近，三相结合，后面一定有 4—5 段回抽，这样就构成了一个中枢的震荡与延续。图 6－5 中的 4—5 段、5—6 段、6—7 段、7—8 段的分析与判断，与 3—4 段是一样的。

上面的分析，就是第一种情况，以及第一种情况向第二种情况演化的过程。这种盘整的走势，最终都会在一段力度比前面一个同方向走势力度更大的走势段中突破，这种突破是可以向下或者向上的，该案例中就是向

图 6－5

上。以向上为例，一般有两种情况：第一种就是图例中的，6—7 段将底部抬高，然后即使 7—8 段力度与 5—6 段一样，也可以突破上去了；第二种是 6—7 段的低点也就是 7 位置，与 3、5 相当，这样的图形，7—8 段必须表现出更加凌厉或者更加复杂的走势才具有突破的可能。凌厉的走势，也就是力度要明显大于 5—6 段，这通过拉升的斜率、速度、幅度都可以当下看到，不需要预判，这比较简单。而更加复杂的走势，就是稍微复杂点的情况。

首先，以图 6－5 的 1—8 段为例，2—3 段的下跌，2 是起跌点，在 3 位置后回升，如果 3—4 段的上涨斜率比 2—3 段要小，那么如果要回到 2 这个起跌点，就必须构造出比 2—3 段内部更加复杂的中枢，然后通过第三买点突破。该原理从走势力度的角度很好理解，如果 3—4 段的上涨力度比 2—3 段的下跌力度还要小，那当然不能回到 2—3 段的起跌点，而如果要回去，就一定是以更大级别的走势来完成。

这里的级别问题，并不是标准的理论级别。在实际走势中，3 段次级别构成的中枢，理所当然地比 4 段次级别构造的中枢实际级别要小，虽然二者在理论上是相同级别，但级别这种定义本身是为了能够量化地去定义走势，方便而已，两种方法论有着本质的区别。

而对于1—7这个盘整，同样的，相比1之前的下跌，如果7—8段的力度要小，那么必然要被中枢所吸引，只有这种吸引的力度小，也就是构造出第三买点后，才有可能继续上涨，而该盘整走势的结束，也以第三买卖点为确认标志。这种对走势力度的感知与感觉，必须培养出来。

盘整，比较特殊的是扩张型与顺势平台型，这就涉及中枢的形态分类部分了。一般来说，盘整都会逐步收敛，也就是技术形态上的所有三角形，或者大致有个区间。而扩张型是每次次级别振幅都扩大，也会有三角形，不过开口在右边。这样的盘整按照上面的方法来判断盘整背驰是无效的，必须根据每段本身的次级别顶底背驰来，这是需要注意的地方。

对于操作而言，就根据前高低点、盘整区间上下沿、次级别顶底背驰、走势段盘整背驰与否决定减仓、清仓、加仓、回补。而一旦有一段下跌的力度明显比前面的强，就要保持观望，以防止其跌破中枢；不跌破就在次级别第二买点再次介入，跌破就等中枢下的盘整背驰段。

上面的案例是a_1、a_2、a_3三段次级别走势类型以盘整形态展开的案例与分类。除此之外，还有另外一种分类，就是下跌或者上涨形态。

三、三段走势的非盘整形态推演

以下跌形态为例，次级别以a_1、a_2、a_3结构向下运行的盘整走势类型，a_3的高点一定比a_1的高点低，同时a_3的低点也一定比a_1的低点低，根据a_2段抵抗力度的不同，呈现不同幅度的下跌形态。相对于盘整形态来说，就是一个N形在左右两个端点向外拉长的过程。

图6-6中三段走势类型，都是一分钟级别，或者一分钟次级别，随便什么名字都可以。图中一些关键的位置都用箭头标识出来，经过本书前面的诸多介绍，应该知道这都是些什么意思。这三段构成1分钟图中的a_1、

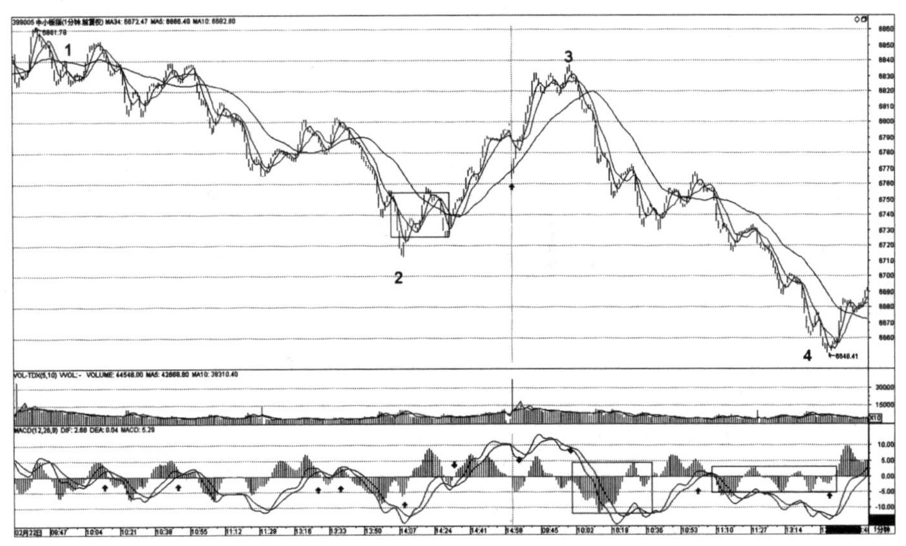

图6－6

a_2、a_3，就这三段本身而言，已经重叠出高一级别的中枢，区间为2—3。后面，就是针对该中枢的分析，对应的5分钟和15分钟K线图如图6－7、图6－8这样，就不需要把一分钟上各段对应的MACD红绿柱体面积加起来比较了。

图6－7

图 6－8

两图中，3—4 段在 5 分钟图（图 6－7）中观察好像并不是背驰段，但在 15 分钟图（图 6－8）中，MACD 面积与长度明显缩小。此外，5 分钟图中如果把 MACD 的参数调成【24、52、18】，就可以看到 3—4 段的盘整背驰，所以经常有时候在次级别观察不明显的情况下，高级别的图形更加清晰。1—2、2—3、3—4 以下跌、上涨、下跌的形式构成三段式下跌形态，一分钟图中的 4 位置底背驰点也很明显。

这里，任何类似图形，就分为两种情况：第一种，3—4 段力度比 1—2 段大；第二种，3—4 段力度比 1—2 段小。在任何情况下，当 4 位置底背驰发生后，都一定会有向 2 位置进行的反抽。可以确认的是，当 3—4 段为盘整背驰段的情况下，4—5 段反抽的高点，至少接触 2 位置。而在 3—4 段不是盘整背驰段的情况下，5≥2 或者 5 <2 都可能发生。而在 3—4 段即使不是盘整背驰段的情况下，如果 3—4 段的下跌力度并不明显强于 1—2 段，4—5 段回抽到 2 以上也是大概率事件；而如果 3—4 段的下跌力度很强，对应的绿柱子伸长明显，一般都在 2 以下再去构造中枢 A。

此图中，3—4 段是 1—2 段的盘整背驰段，或者不是背驰段但力度并不明显弱于1—2段，所以后面4—5段回抽与2—3、3—4一起构造高一级别的中枢A就很正常。2—3、3—4、4—5段出来后，又回到前一节的盘整中判断背驰段与高低点的方法，原理是一样的，就是每一段的次级别顶底背驰与否，加上与前一个同方向走势段的盘整背驰与否。

在4—5段走出来后，对图形就可以有另外一种分解，即1—2+（2—3+3—4+4—5），4—5段未走出来时设定的1—2、2—3、3—4重叠区间就有了可多义的地方，让1—2成为2—5中枢的次级别震荡，以前一节判断盘整背驰的方法去分析5之后的走势段。

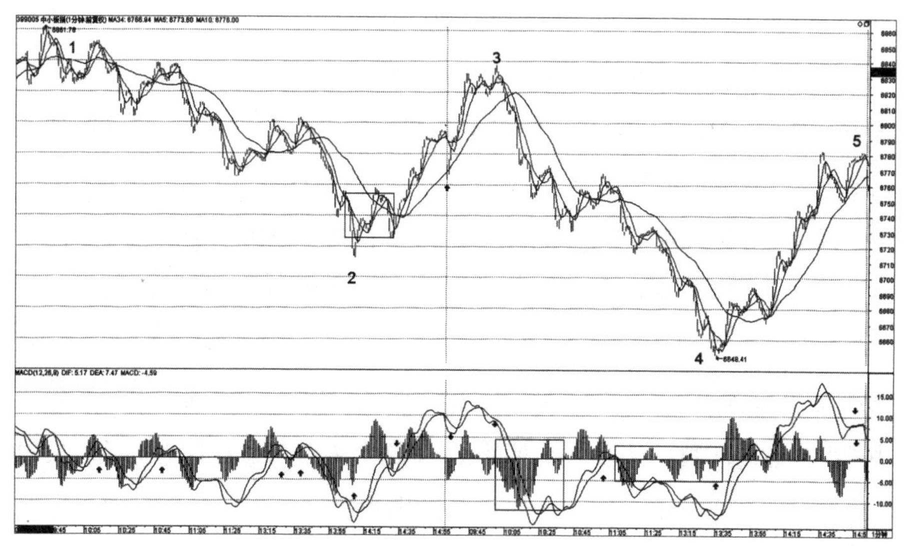

图6－9

图6－9中，第五段顶背驰出现的地方在收盘时，根据4—5段的走势力度比2—3段要强，并且在该小级别顶背驰之前4—5段段内一直没有顶背驰出现（黄白线一直以不会抽零轴的力度创新高），所以可以认为5位置只是4—5段的一个中枢次级别第二段的顶点，后续通过该中枢继续上攻是可能的事情（中枢后不是一定有最后一段，有最后一段只是普遍现象，但没有理论来保证最后一定出现）。这就涉及具体操作的细节问题了，这种在大级别顶背驰后的下跌，第一个中枢次级别第三段的尾盘顶背驰点是

应该先回避的，因为第二天一个简单的低开就可以让这可能的顶背驰成为现实。

这时，a + A 就构成了，其中 a 是 1—2 段，A = 2—3 + 3—4 + 4—5，也就是 2—5 区间，这时有两种分析方法：

第一种，以 a + A 的结构，围绕中枢 A 展开后续分析与判断；

第二种，以 $a_1 + a_2 + a_3 + a_4$ 的结构，根据各段走势类型的强弱来分析判断。

需要注意的是，1—4 的走势，已经是高一级别的走势类型基础形态，也就是说在 4 位置，完成高级别的下跌是完全可以的，但也可以通过对 2—5 中枢的向下突破来延续该下跌走势。所以，在任何固定级别的操作系统中，都要去配置，甚至主要根据次级别走势段来操作，并且操作级别不能太低，这样才给操作留有余地，有隔天交易的价值。例如图 6 - 9 中四段，都是 1 分钟级别，4 位置介入后，4—5 段的一分钟级别走势很可能在当天就完成，然后还能在当天剩下的时间里以下跌的 5—6 段再去创新低。如果这四段都是 15 分钟或者 30 分钟，就不会有这样的担忧，因为一个 15 分钟或 30 分钟级别的走势类型不可能在当天就结束，这些都是在实际操作中需要注意的问题。对于小级别而言，4 这个买点只适合日内短差。文中由于是对图形本身的分析，所以没有特别指出这一点，但操作中一定要注意。

以第一种，即 a + A 结构来分析，后续走势无非两种：A 中枢破坏与延续，这是上一节就解决的问题，这里看 5—6 段向下跌破 A 的普遍情况。

显然，跌破中枢 A 的 5—6 段与 1—2 段一样，都是围绕中枢 A 的次级别震荡，有两种情况：盘整背驰或者不盘整背驰。而无论是否盘整背驰，都存在 6 位置是否新低的分类，于是分析如下：

在盘整背驰且创新低的情况下，6—7 段一定会因为中枢 A 的吸引，而至少向 2 位置回抽，是否一定突破 2 位置不一定。

不盘整背驰的情况下一定创新低，也就是 6—7 段的下跌力度比 1—2

段更强。这样的情况下，就要在6—7段内部底背驰的时候，再构造第二个中枢B，使整个走势延续成为下跌趋势。

在盘整背驰且不创新低的情况下，基于$a_1 + a_2 + a_3 + a_4 + a_5$的结构分析，走势可以分解为（$a_1 + a_2 + a_3$）$+ a_4 + a_5$，那么6—7段内部的底背驰点就是$a_4$、$a_5$、$a_6$三段构成的高一级别走势类型的第二类买点。该第二类买点不一定就能将1—4的走势结束，因为走势完全可以演化为a_1 +（$a_2 + a_3 + a_4 + a_5 + a_6$），使5—6与6—7成为2—5中枢震荡的一部分，但无论如何，这种情况下6位置后面一定有安全的利润。

以上都是在5位置收盘后当下就可以得出的分析结论，根据此分析，后续的分析就很简单：5—6段不创新低，买入，7不能创5新高或者盘整背驰走人；创新低，如果与1—2段盘整背驰，也买入，回升力度比5—6段弱的话就走了再说；力度更大，等第二个中枢形成。

这里的操作还有个操作级别的关系，严格意义上来讲，这样的分析，是针对你操作级别的次级别分析的。也就是你的主要资金，在该分析的全程都应该保持空仓，用来参与以上分析的是你的次级别短差资金，上涨情况反之。

四、 从盘整到趋势走势类型

前一节说过，在a+A+b的结构中，当b的下跌力度比a大，就要在b的重点构造第二个中枢B，使整个走势发展为a+A+b+B结构的下跌趋势，上涨反之。在图6-9中5之后，就要观察下一个走势类型的力度，比较对象是1—2段。

图6-10和图6-11，分别是1—6段的一分钟K线图和五分钟K线图。5位置后第二天开盘第三根五分钟K线，就决定了5位置的顶背驰成立，随后展开5—6段的走势。5—x_1，从五分钟图上观察，MACD柱子长于1—2、3—4段，面积大于1—2、3—4段，黄白线持续创新低，显然这

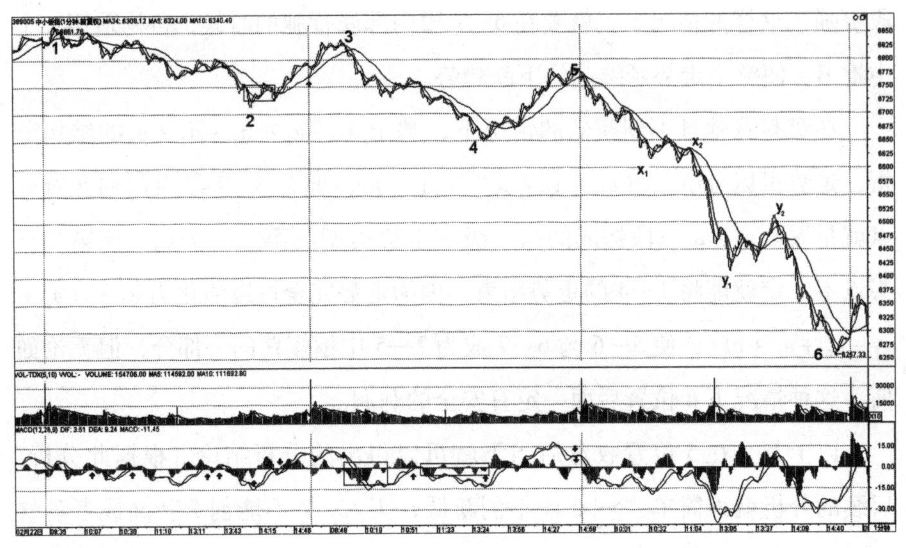

图 6－10

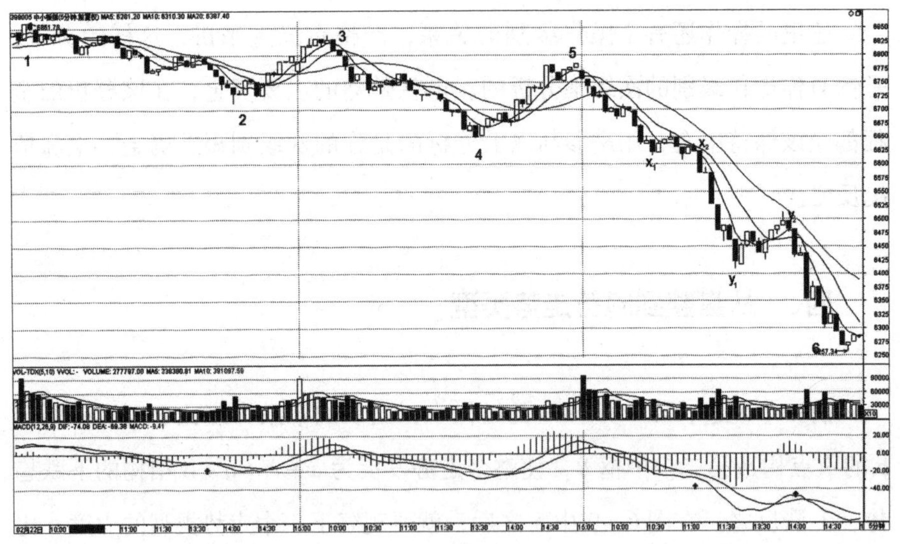

图 6－11

里不会有背驰，并且从 x_1 开始，就可以进行如下推论：

首先要有个常识，以前没有提到过，那就是如果走势是个趋势，那么一般来说第一个中枢后的 b 段，都是最有力度的一段。在 x_1 位置，5—x_1

不是背驰段，所以从 5 开始的下跌，一定是在见次级别底背驰后构造第二个中枢的形式。对于 2—5 中枢，x_2 是第三卖点，随后下跌到 y_1，其中 x_2—y_1 与 5—x_1 相比也并不背驰，所以继续等待 y_2 后的走势。背驰就很明显了，在 6 位置就可以断定，第二个与 2—5 同级别的中枢要出现了，该中枢至少次级别三段，y_1、y_2 都可能是该中枢的上沿压力。在 5—6 的最终底部的当下分析中，观察 MACD 的黄白线，每次回抽的力度都不够，显然只构成次级别的反趋势。五分钟图中 MACD 上第二个箭头之前的绿柱子不背驰，这是前文就解决的问题，该箭头后，绿柱子持续创新低，力度大得很明显，然后绿柱子再次在第二与第三个箭头之间开始缩短的时候，就知道第二个次级别中枢要形成了，然后再下跌形成背驰，这些判断都是当下可以完成的。对于 5—6 段的内部结构分析，与 1—6 的分析并没有任何不同，不过是同样的原理在不同级别的应用而已。

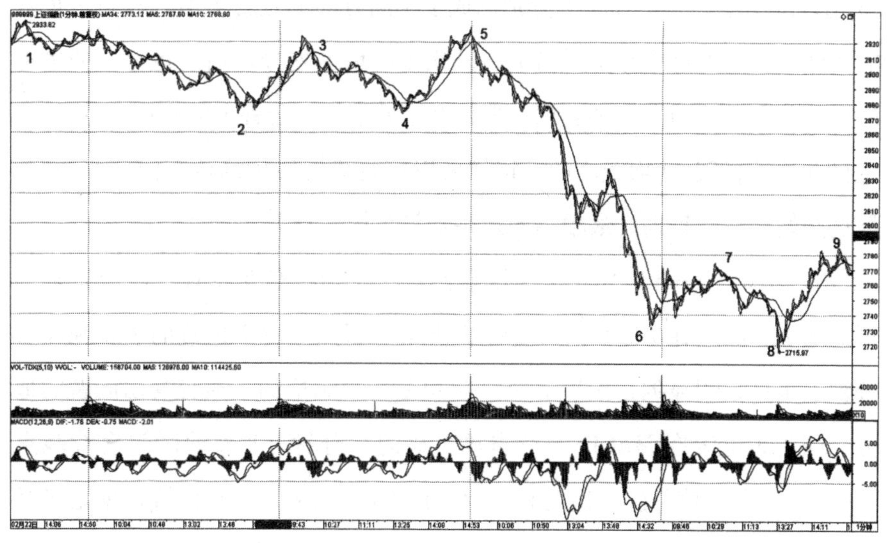

图 6－12

图 6－12、图 6－13 是 6 之后，加上了第二天的一分钟、五分钟走势。其实从这几幅图还可以看出，20 均线是走势类型的分水岭，一分钟的和五分钟的 20 均线，都始终在指导着走势类型的变动。其中尤其以五分钟的

图 6－13

20 均线最明显，在上和在下分别构成了不同方向的走势类型，这是个很好的辅助工具，不过指导不了当下，只能去简单地划分以前的走势。如果将同样的规则继续向一分钟套用，那就有用处了，一分钟上的站稳 20 均线一定在五分钟突破 20 均线之前，这样可以将走势的转折确认点向前移一些，但这些始终只是辅助，最根本的还是走势结构本身。

6—7 段与 5—6 段相比，力度显然更小，别说是 5 位置，y_2 位置都不可能上去，除非在 7 之后展开盘整再出第三买点，而 7 位置的顶背驰在一分钟上也是很明显的，然后 7—8。这里是初学缠论的人最容易出问题的地方，因为 8 位置在 MACD 上是非常明显的 5 分钟、1 分钟区间套背驰点（一分钟上要比较两段面积之和）。而在前文的分析中，6 位置根据走势必完美，一定有第二个中枢出现，6—7、7—8，显然还差一段，那就是 8—9 段。

在实际操作中，8 位置是可以介入的，但要分情况，b 段的力度大小将决定该中枢后下跌的底背驰概率大小。在五分钟及以上级别中，下跌或者上涨趋势出现三个中枢的可能性极小，超过 5 分钟走势有三个下跌中枢的情况几乎没有过，对于5分钟而言也是小概率事件。所以在b段的力度比较大的情况下，第二个中枢后的c段几乎一定是底背驰段。另外，实际走势中，a+A+b+B结构中，B出现后是否出现c，并没有任何理论保证。也就是说，当一个趋势的第二个中枢B出现后，由该中枢的第三买卖点实现反转时完全可以，也是实盘中正常发生的事情。所以在第二个中枢的底部，完全可以先介入一部分，然后视该中枢震荡的力度，根据次级别走势进出。8—9段如果不是背驰段就可以继续持有，出现与6—7的盘整背驰就退出；即使不出现，8—9段内部顶背驰也可以退出。出于风险与收益比的考虑，这里是可以操作的，但对于不熟练的操作者不建议操作这种机会，特别是级别比较小的时候。如果本节案例的图形级别是30分钟，那么8—9段至少是5分钟级别走势，这才有隔天操作的意义，这是反复强调过的；而如果8—9段只是一分钟，盘中走完继续下跌是理论中完全允许的事情。

8—9段的盘整背驰，通过MACD可以得出，红柱子的面积与高度都不如6—7段。虽然从K线图中看8—9段的上涨力度好像更大，但别忘了6—7段的开盘是跳空的，就是那个跳空影响了6—7段的力度，无论向上还是向下，跳空的力度都是最大的。

8—9的盘整背驰就意味着后面至少是中枢震荡，9—10段如果是盘整背驰段就可以再次短差；如果不是，就继续等待。这里的处理，与2—5中枢的中枢震荡处理是完全一致的。

9的盘整背驰点之后，至少是6—9中枢的中枢震荡。是否是中枢震荡，要考察9—10段与7—8段的下跌力度：如果盘整背驰，11至少在6—9中枢内；如果力度更大，就有跌破中枢的可能。如何判断，就是看9—10段的内部结构。9—10段，至少是次级别三段，如果第三段不是背驰段，并且第三段已经跌到中枢下沿附近，那基本就可以肯定要跌破了；如果次级别趋势在底背驰时，虽然9—10段的力度更大，但内部两中枢下跌趋势已经在中枢内或者中枢下沿附近出现底背驰，那就仍然是中枢震荡。

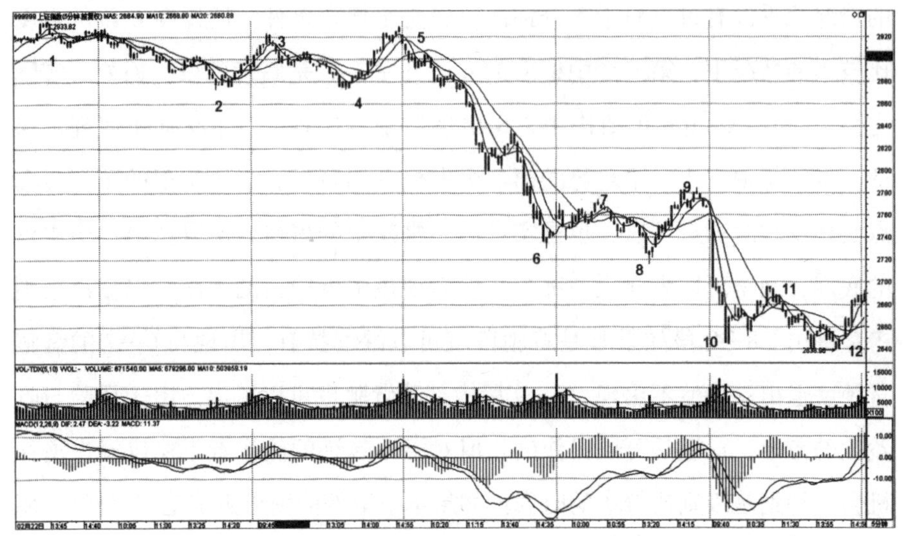

图 6－14

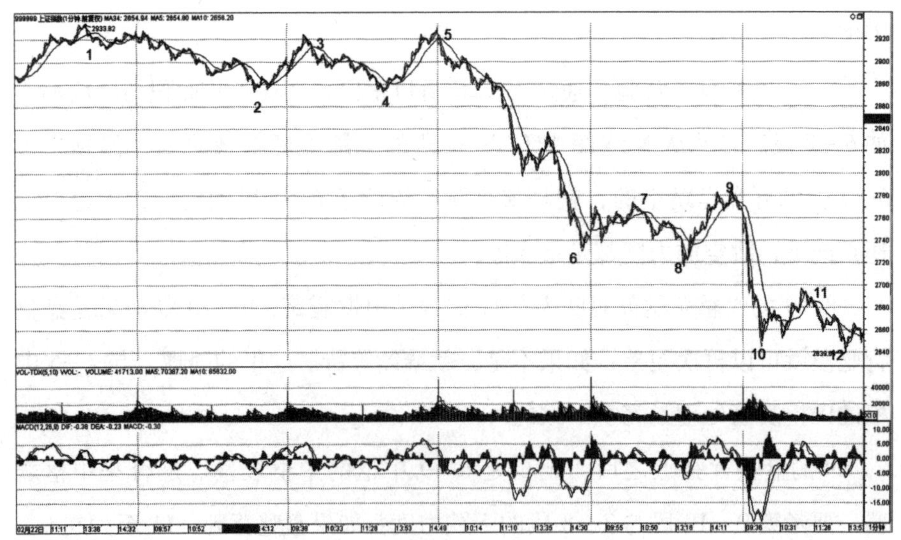

图 6－15

图 6－14、图 6－15、图 6－16 三幅图，分别是 1—12 的五分钟、一分钟和 9—12 段的一分钟放大图。可以看到，9 之后的下跌，起跌阶段，其力度就比 7—8 和 5—6 大。这种情况的下跌，要化解只有两种形式：第一

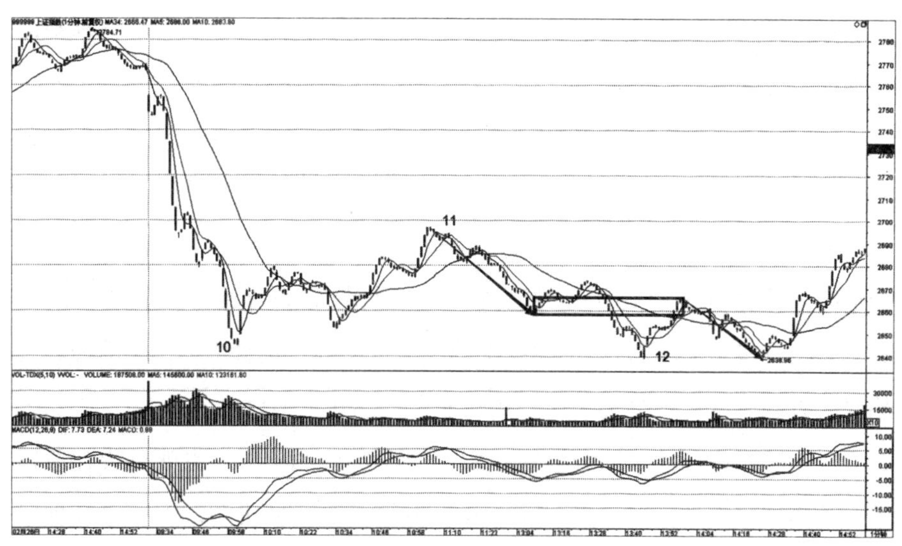

图 6－16

种是 9 开始的下跌过程中出现小转大；第二种是通过更大级别走势的力度对比产生背驰。对于当时的走势，市场显然选择的是第二种，10 位置一个最小级别的背驰（注意 MACD 的形态）后产生反转，显然 10 位置因为 9—10 段的下跌力度而不存在一分钟级别的买点，随后的反抽，第一波被 9—10 段的随后一个反弹底部阻止，这时是完全可能再次下跌的，而实际走势在回抽一段后，并没有创新低，反而再次反弹上来。这里完全不需要考虑什么机构和国家队的参与，无论他们如何参与，只需要根据技术图形走就完全可以。11 位置，顶背驰点，同时也是 9—10 下跌中一个小反弹的区间，同时制造 6—9 中枢的第三卖点。

同样是第三卖点，出现的位置不同，其分析意义是不同的。上涨或者下跌中的第一个中枢后的第三买卖点，才是最有价值的买卖点。而在两个中枢之后，一般都会导致第二个中枢的级别扩展，所以这时要考虑的显然不是卖点，如果第二个中枢后才考虑卖，那前面的操作肯定是有问题的，但这不是关键，关键是趋势的生长，一般也就两个中枢，所以在 11 位置后面，就要看 11 后的下跌是否构成背驰段：一旦成立就意味着买点到了，不构成背驰段的情况也是存在的，那就继续等背驰段出现再行判断，判断的原则都是一样的。

11—12 段是 9—10 段的背驰段，而在更大级别的视角下，9—12 段是 5—6 段的背驰段，一个区间套底背驰就构成了。细化地去考察 11—12 段，一个典型的 a + A + b 结构的下跌，b 是底背驰段，这样就可以把这波下跌的最终底背驰点精确到几分钟之内。由于是趋势底背驰，所以后面的走势，将至少有不低于 6—9 中枢级别的走势，回到 6 位置之上，再后面就是趋势底背驰后的三种分类情况，比较复杂，不在本书讨论了。

以上是对市场中某固定级别的所有交易机会的分析。也就是说在股市中，某固定级别的操作，除了以上分析中确定的交易机会，不存在其他安全的买卖点。就操作而言，在不同操作级别去寻找符合条件的买卖点，就是操作的所有了。而卖出的判断与买进的判断是一致的，如果不习惯，可以利用软件里的功能，将 K 线反转。还有就是对已经走出来的图形分解，不一定要从最低级别或者笔线段之类的去递归，那只是分类的一种方法，在本章例子里给的均线就是最好用的指标，从 1 到 12 走势段，根据 30 均线来划分走势段，一眼看去整个走势结构都出来了。

均线对走势的分类，无非就对应三种情况：下跌、上涨、盘整。对于 30 均线（不一定就是 30 这个参数，其他参与也是有可能的）而言，分别就是：被 30 均线压制是下跌，一直不跌破 30 均线是上涨，围绕 30 均线来回跑的就是盘整。盘整的级别可以通过高一级别的相应均线用同样的方法来限定级别，围绕 30 均线或者围绕 60 均线显然不是同一级别。类似的这种简单有效的看盘方法，还可以继续琢磨出其他的，无所谓区别对错与否，对于操作者本人适用就是最好的方法。

五、本章内容的总结

这节内容，讲的是各种不同的走势类型是如何发展形成的，这是一个图形生长的过程，不同的生长轨迹会造成不同的图形结构。而实际上，这节内容已经包含了缠论的所有可靠买卖点。什么叫可靠？就是在买点后不存在含糊性的走势，其盈利性是必然的。盘整背驰的两种情况、第三买卖点的判断、第三买卖点后的两种情况、不同位置的中枢后第三买卖点的预判、趋势背驰的情况、买点与卖点、整段走势与次级别短差程序，尽数在内。

另外，就是对走势段的判断方法。对于已经走出来的走势段，在某级别图中，可以利用均线来对走势进行分段，这是个在实际分析中极其有效的工具，但对当下走势段的判断并不能起到太大的作用，除非用均线系统把高低级别的走势段进行分类，那就是对均线的应用方法更高一点的技巧。

背驰、区间套，在本章也有阐述，这些应该不难理解，但盘中的背驰与背驰段的性质，在不同走势阶段有着不同的含义，这是要注意的。出现背驰段，背驰点后必然转折，但转折的力度、幅度、时间跨度等因素要根据实际走势来判断。

对背驰的判断，一定是结构在先，走势结构是根本，而不是 MACD，如果每次 MACD 的柱子缩小就意味着背驰，那研究 MACD 就好了，出现红绿柱子和黄白线背驰就买进，反之就卖出，还要研究什么分类！背驰，是在走势必完美基础上，对走势结构进行分解之后，相同级别相同方向走势段的背驰，而且是可以不断向更低级别嵌套的，这里千万不能一根筋。而所谓“背了又背”的情况，是对走势结构完全没概念并且把走势结构与背驰的先后因果关系搞错的典型表现。

在缠论视角下，所谓确定性交易，指的是只参与操作级别的背驰段，或者操作级别中枢上下的次级别背驰段，其他类型的走势段一概不参与。这对于五分钟以上级别的操作大小通吃，之所以没有一分钟，是因为一分钟走势段往往不具备隔天交易的价值，盘中一分钟底背驰在早上出现后，中午完成背驰点后的反弹，下午再创新低是太正常的事情，时间这个因素要考虑在操作系统内。

|第七章|

历来解盘节选

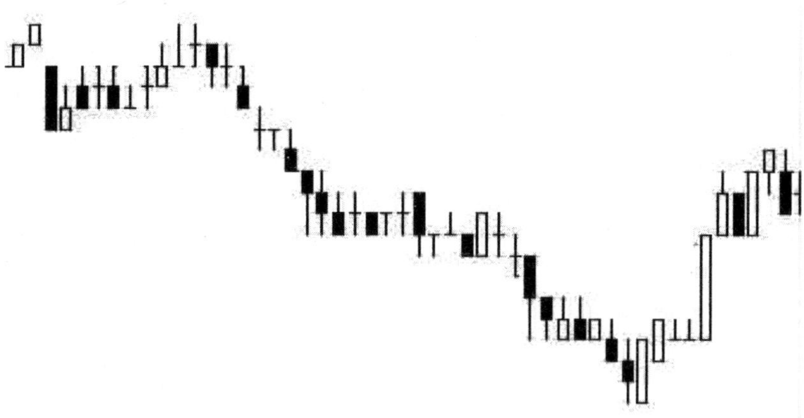

笔者个人有每天写解盘的习惯，一是可以不至于使理论生疏，二是能够让自己更加清楚目前走势所处的阶段。解盘，一般都是以指数为参照对象，描述的是目前市场在干什么，后面可能会干什么，要干什么就必须先有什么。这习惯，对于学习与交易二者，都是有好处的。本章的内容，都是每天收盘后的解盘文章，注意是当天，本章解盘不过是复制，绝不是在回头看的分析文章。从中可以看出以缠论的思维方式，如何结合其他股市技术来对走势进行分析判断，从而指导后市操作。

本章内容缺少不少配图，由于文章都是在当天解盘后写的，软件上就可以看到图形，而现在不少 K 线图数据软件上已经不保留了，也就是样本图形已经缺失，阅读的时候可以对照当时的 K 线图，或者找来历史数据对照。

阅读解盘前必须了解的内容

好像不少人并没有认识到缠论与其他技术理论的区别，当然也不知道每天的解盘说的到底是什么，更无从指导操作，有必要简单说明下。

首先，为什么是解盘，而不是收评。

收评，是收盘后对股市的评论，而股市本来就不需要评论，更何况市场上 N 多股评对股市的评论全然是信口开河。在普通散户眼中，股评、收评等文章是要有对后市的预测的。例如明天是阳线还是阴线，跌到3000点还是2000点，涨到6000点还是8000点，跌到3月份还是5月份，等等。

解盘不涉及预测，即使有些解盘里有对后市的预期内容，但那本质上是建立在对后市走势完全分类基础上，预期只是分类的其中一种。为什么说是解盘？解是解释的意思，盘是盘面的意思，解盘是为了解释盘面为什么今天是如此走势、在理论上有哪些依据、后续走势分几种情况、各种情况的出现需要哪些条件、这些条件如何辨别、出现不同情况如何操作。

收评或股评立足于对后市的猜想与预测，解盘立足于当下市场所处位置。市场怎么运行都是合理的，因为这本来就是所有人眼前唯一的现实，客观事实无论多么荒谬，都是不可更改、不容置疑的现实。预测，本质上是赌博，有很大概率的成分（不包含以玄学内容推算走势的准确性，理论上可以完全预测）；而解盘，只管当下的操作，操作无非三种——买进、卖出、等待，其中等待分持币等待与持股等待两种。

所以，阅读缠论版的解盘，最主要的作用是学习，以及对当下走势阶段有个把握。但这里有一定的局限性，因为这种解盘都是收盘后才有，所以在第二天的盘中，是无法通过解盘去把握第二天任意当下操作的，这就是学习的重要性。

例如5分钟下跌趋势两个中枢后，按理论，第二个中枢后出现背驰的可能性很大，收盘时第二个中枢后的次级别下跌还没有完成，但已经有了力度减弱的迹象，解盘中就可能对后市的预期是后续下跌出现背驰，然后构造30分钟中枢或5分钟反转。但第二天走势对前面的1分钟下跌进行延续，并且力度更大，那此时的当下与前一天解盘中的当下，所基于的条件已经不同，预期当然也不会相同，分析就要基于目前走势重新给出结论，这是看解盘时必须清楚的一点。

以下给出缠论和解盘的一些特点，供简单了解：

1. 不预测，只根据理论做走势的完全分类；

2. 在完全分类的基础上，清楚边际条件，以不同条件出现指导不同操作；

3. 只负责当下走势所处阶段，不保证后续走势以哪一种分类运行；

4. 解盘没有准确与否的概念，只有正确与否的判别；

5. 缠论可以解释走势的任何普遍情况与特殊情况，不仅可以解释，更可以指导当下操作，但只限于当下；

6. 解盘有学习与指导操作两个功能，最重要的作用是让操作者知道：后续出现什么情况，应该怎么办；

7. 想有个上帝告诉你明天是涨是跌，买哪只股票，请离开，这种思维不适合缠论；

8. 没有救世主，只有投资者的当下；

9. 与其他理论用于事后解释不同，缠论不用于事后解释，只面向已经走出来的图形；

10. 看解盘要看懂逻辑，不能找结论。

缠论，是一门站着学习、站着实践的学问，要想学好，首先要让自己站起来。

2015 年 7 月 1 日解盘

（从当天开始，一直到 2016 年 4 月份，沪指仍然没有脱离这天的解盘分析结论）

今天必须写收评，历史会记住这天的，在 7 月 1 日上午 10 点 42 分，沪指的表现正式宣告自 2014 年 7 月开始的牛市，进入中级调整。

本轮调整级别至少是周线级别，也就是说至少由三段日线级别走势类型展开盘整，截至今天收盘，第一段日线级别下跌的第三段，也就是一个 30 分钟级别的走势形态，其第一波 1 分钟下跌，还没有任何结束的迹象。

而深指，目前还处在 30 分钟级别的下跌途中。沪指截至今天上午 10 点 42 分，刚好完成 30 分钟级别的下跌 +30 分钟级别盘整。

最强的走势，就是在后面几天，深指完成该30分钟级别下跌，随后必须展开30分钟级别上涨，而不能是30分钟级别盘整，从而把沪指带起来，以30分钟级别盘整的形态完成日线级别走势形态的第三段，再以日线级别走势形态直接上去，从而使这一波牛市的走势级别上升到周线级别的上涨。

最弱的走势，就是持续下跌，以日线级别下跌趋势的形式完成调整，从而使这波牛市成为一个周线级别盘整的第一段。目前可以看到的最强的支撑，就是沪指的3400点，前面一个平台的上沿。

中性的走势，以周线级别盘整完成调整，也就是本轮日线级别下跌完成后，再以日线级别上涨上去，然后再以日线级别下跌回来完成周线级别盘整后再看该盘整的被破坏情况。

操作上，技术不到的，有两种选择：第一种是等该日线级别下跌完成后的反弹；第二种是根据盘中震荡短差操作不断降成本，一路做到5分钟级别盘整背驰，再一个5分钟级别反弹基本就可以解套出来了。

空仓的，回家睡觉去。

特此告知。

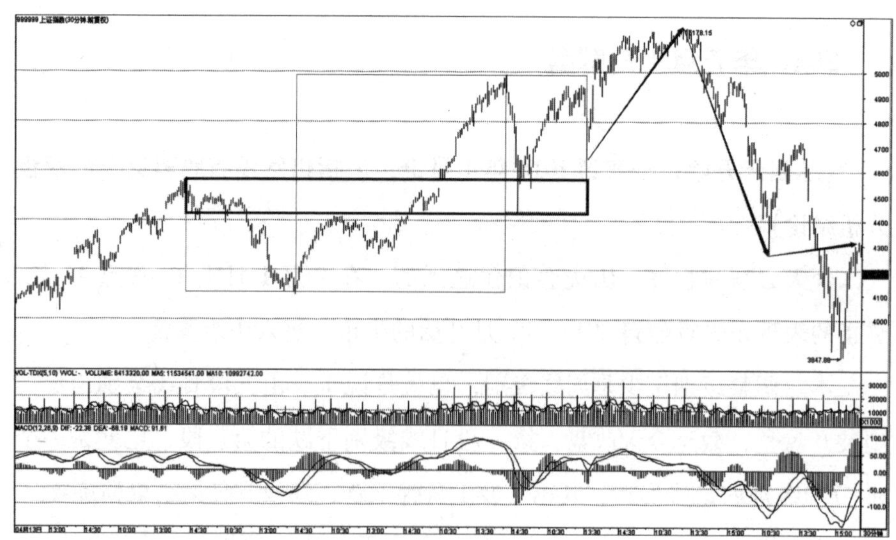

图7－1

2015 年 7 月 6 日

周五收评说第三段 30 分钟走势的第二段 5 分钟盘整，在今天开盘的瞬间就可以随时完美。也就是说，今天开盘就完成了该盘整的三段。

开盘到中午收盘，完成 1 分钟级别的下跌 + 盘整 + 下跌，且 c 段与 a 段背驰，所以中午收盘前又拉回盘整区域。

下午，就看该 5 分钟级别下跌的完成情况。

大的走势，无非几种情况结束调整：

第一种，盘整延续，也就是盘整的震荡，最终创出新低发生 5 分钟级别背驰；

第二种，盘整延续，随着震荡在该盘整上方出现第三买点；

第三种，该 5 分钟下跌结束，以较缓慢的节奏继续下跌创新低，从而制造 30 分钟级别与 5 分钟级别的区间套背驰；

第四种，今天上午的 1 分钟下盘下完成最后一段 5 分钟级别走势，下午冲高突破该 5 分钟中枢，明天制造该中枢的第三买点。

目前，今天上午的 5 分钟下跌段与前一个 5 分钟下跌段已经盘整背驰，并且该 5 分钟下跌段的内部结构也背驰，第四种情况很可能发生。

底部区间已到，抄底的资金可以入场了，对走势判断不是很清楚的，不能当下判断买点出现的，可以分批介入沪深 300 的一二线股票，尤其是今天走第二买点的，越跌越买。后面有个至少 30 分钟级别的反弹在等着。

2015 年 7 月 8 日

今天的塔山阻击战，在策略上是对的，早盘跌停开盘后迅速权重拉起，随后在中国石油、工商银行、中国人寿等指标股上布置多重阵地，属于稳扎稳打的战术，虽然不出彩，但比前几天瞎搞靠谱多了。

技术上，5 分钟级别以上所有图形都满足了反弹的一切条件，如果说欠缺，还欠一个 1 分钟级别创新低的下跌，这样整个下跌走势就完全完美了。

由于今天早上是大幅低开，所以反弹上来补完缺口后，要尽可能地把后面创新低的下跌制造出背驰来，这样底部的雏形才能出来。

下午从二线蓝筹被打爆开始，多个战场的阵地失守，这是不应该的，后面再拉起来已经迟了。要守，就要死守。在下午 1 点 25 分的时候就不能让指数下跌加速，一旦加速，今天前面花了无数亿的钱白花。

顾此失彼，是今天防守的最大问题。人造轮动必然让空头有机可乘，因为多头你的注意力太分散了。现在的市场，不向上则死，因为下面没有人接盘，势造不起来就意味着护盘失败。

今天是 17 天的时间窗口，大量满足做多的因素共振，这种局面没有把握好实在是有点说不过去。

明天与后天，将是多头最后的机会，这波下跌如果再加速导致底部构造失败，沪指年线见。

对于多头来说，目前最好的选择就是以最多 5 分钟级别的上涨，直接冲破 3927 这个前面盘整的高点，这样能把人气稍微带起来一点，然后在回抽中轮动，回抽时才是多头护盘的最关键时候。

对于空头来说，目前最大的机会就是一二线蓝筹股，对年线靠拢的市场预期，多头，脑子不要进水。

2015 年 8 月 13 日

前面一个 5 分钟级别上涨趋势，到 3970 制造顶背驰。

该趋势的第二个中枢，构成前面 30 分钟中枢的第三买点。

趋势背驰并第三买点后，进行中枢扩展，这是趋势构造第三买点后最普遍的情况。

从3970顶背驰后，根据走势必完美，至少要完成五分钟级别下跌或者盘整走势类型。

市场选择盘整，为什么今天看似没有背驰却上来？因为今天的最低点是个围绕3882～3933中枢震荡的盘整背驰点。背驰级别是5分钟。

目前，从理论角度，仍然是该五分钟中枢的震荡，今天早上急跌意图离开中枢，又被拉回。

该中枢的最终突破确认，需要第三买点。今天最低点上来的1分钟级别走势，目前为a+A+b结构，并且没有背驰，也就是说，要在明后天，再至少构造一个1分钟中枢形成趋势。该1分钟中枢的回抽不能跌回3933，否则震荡继续。

30分钟上，目前已经形成30分钟级别上涨趋势。这种从1分钟不断生长构造大级别走势的过程，好好领会。

该30分钟趋势的分析，又是前面说的5分钟趋势分析的翻版，自己分析去吧。

2015年8月14日

4000点受阻是意料中的事情。

120日线对日线走势有着巨大的压力，看这几天上涨的速度就知道了。

比较好的是30分钟上从3550到目前为止，一个上涨趋势的第二个中枢在30分钟年线上方，是一种突破回抽确认的走势。

但在60分钟上，可以明显地看到从3373以来的三段，目前的30分钟级别趋势上涨就是该日线中枢的第三段，并且疑似盘整背驰。也就是说，在下周一二，如果沪指不能迅速以较大的力度与斜率拉升，将制造30分钟级别的盘整背驰。目前的30分钟上涨将成为背驰段，这个30分钟趋势的顶背驰点，应该在4200这个前期高点左右，由于日线的半年线位置在4100，所以下周突破4000点后，将随时顶背驰。最终构造中枢震荡的盘整背驰段，然后再以30分钟级别盘整或者下跌来构造该日线中枢震荡的第四段。

周五收盘的走势，最后一段还没有完成，所以从周一开始，就要密切监控区间套背驰的出现，一旦发现有背驰迹象就要马上走，等一个至少5分钟级别的下跌背驰出现后，超短线才可以入场。

最好的情况，当然是突破日线的半年线后缩量回抽站稳，不能，就仍然存在跌破年线创新低的可能。

对于长期走势，最好就在2/8与3/8速率线之间反复震荡，构造中期底部，夯实之后再去向1/2速率线上攻，否则基础还是太薄。

对于多头而言，最现实的可能，就是在周一冲击4000点后，向3800点进行一个5分钟级别的回抽，这样就可以将走势组合出30分钟级别的a+A+b+B来，这样在B这个30分钟中枢的基础上再向上。这样能创造出再4200点之上，构造出底部日线中枢的第三买点的走势可能。

2015年8月25日

明天，最快的反弹将在早盘出现，至少见到3040，最强的情况会试着去回补今天的缺口。但只是反弹而已，30分钟级别的下跌还没有完成，这个由1分钟级别趋势引发的反弹，将至少完成一个五分钟中枢。如果底部支撑较强，在3000点附近，围绕着震荡出30分钟级别盘整也是有可能的。

3000点不是低，目前可见的支撑位置在2450附近，技术过关的继续短跑打游击，其他人还是小板凳等底部出现。

由于沪指前面两段是日线级别下跌与日线级别中枢，而深指是30分钟级别下跌加日线级别中枢，所以，最大的希望就是等深指30分钟级别下跌底背驰后，拉升起来将沪指带起来。如果要沪指带深指，那沪指至少还要完成30分钟级别的一个上或者盘，然后再以30分钟级别下跌创新低。

2015 年 9 月 24 日

第二个下跌中枢已经扩展出来，那么从 5100 点开始的下跌，已经构成一个日线级别的下跌趋势，该趋势完成后，一个日线级别的上涨是跑不了了。

第二个下跌中枢在 60 分钟 K 线图中，震荡区间已经越来越窄，boll 通道也开始收口，变盘在即。

一般的，这种中枢震荡，是熊市里获利的最好战场，但考验的更多是短线甚至超短线功夫，难度较大。技术过关就有饭吃，技术不过关就等待突破方向，等待方向确定了以后再做操作决策。

可以想象的是，一旦向下破位，可以看见的支撑远在 2450 左右，1/8 线和前面的周线高低点共振线支撑。如果走势很弱，就会在下面再形成一个 30 分钟中枢后再次破位。

理论上，由于深指的下跌已经满足一切转折的技术条件，强势情况下，也有可能把沪指带起来，但这只是预期分类情况中的一种，不能作为操作依据。

从 2850 那根 K 线开始计算，截止到昨天，一共完成 19 根日 K 线的震荡。还有两天是时间窗口，也就是周五，而下周，同时还是周线图上从 5100 点开始计算的第 17 根 K 线，34 的一半。是否有情况发生，拭目以待。

2015 年 10 月 11 日

下周，极有可能是变盘的开始。自沪指 2850. 71 点，得到 89 周均线支撑反弹以来，已经延续了 25 个交易日的盘整格局，很有可能在下周结束。

变盘，当然是可以上下的，也就是说下周变盘方向是各自 50%。这里没有什么预测行为，就形态而言，后续的走势方向无非两种：盘整延续、盘整破坏。这都在后续走势的绝对分类中，其中破坏的情况可以分为向上破坏与向下破坏。

沪指自5178.19点下跌以来，经过4000.34点的第一个盘整结束点，这两个点位已经可以构成下跌通道的上轨。而在上周五，该线位置恰好在当日K线的最高点3192.72，该线对价格的压制作用显露无遗。而在周线上，上周虽然只有两个交易日，但仍然在周K线图中留下一个周线级别的K线，这根K线，是5178.19以来的第17根K线，斐波拉契数列中34的一半，是个很敏感的时间窗口。

由此，至少可以判断出，下周行情的日线级别中，将面临是否突破下跌通道上轨的选择，这是一个全部资金的预期合力问题。如果突破不了，说明市场中大部分资金并不看好突破该线，那就只好回来继续在3000点上盘整，或者干脆下跌突破这25个交易日以来的盘整。

对于操作而言，下周的走势尤为关键，这里可以为以后的行情做一下分类解析。

第一种情况，下周开盘突破上轨，并且收盘在上轨以上，然后用一周剩下的时间回抽站稳，这是最愿意见到的情况。一旦市场如此选择，那么沪指至少对250日线的反抽就可以确定，依然在年线附近的股票以及经过前期下跌后回升又盘整的股票，将有很值得期待的行情。

第二种情况，下周一回调，也就是突破不了上轨的情况。那就至少该回来盘整，在小一点级别的走势图中或许可以蓄势再寻求突破。也可以延续盘整，但即使是盘整，留给沪指的时间也不多了，盘整三五天后还是得面对上轨线的选择问题。这种走势至少对沪指而言是没有交易机会的。

第三种情况，下周出现下跌。这种下跌是可以用缓慢的节奏慢慢下来的，也可以是跳水下来，这种情况的走势，是一定要向下突破3000点的。这种走势形态，将诞生本年度最大的投机机会。

从资金面上，通过三幅图标就可以看出，新开账户降到冰点、参与交易的账户降到冰点，但持仓账户依然维持较高比例。在没有新资金入场、没有人参与交易（这从成交量也可以看出来）的情况下，5000点以来持仓账户并没有明显减少。这意味着什么？意味着5000点下跌以来，绝大部分的账户都被套牢。换句话说，指数如果向上反转，随着解套盘的增多，将受到高位套牢仓位的层层阻击。

对于投资者而言，目前深指与中小创指数的形态是最好的做多形态，具备一切向上反转的技术条件。但由于前期的所谓救市等措施，致使沪指始终在盘整，这种底部盘整形态，没有强力多方力量支撑的话，是无法实现突破向上的，至少在技术上始终是一个模棱两可的局面。所以对于多头而言，最好的选择就是稳定沪市蓝筹，拉升深指成分，通过这种方式将深指大幅拉升激活人气，从而间接影响沪指上扬。但如果这波行情有国家资本与国外资本进行金融战争性质的话，继续打压指数并持续维持在低位也不是不可能。

回到技术面上，上周四的跳空，技术上仍然在盘整区间内，不属于突破性缺口，而周四与周五也没有对该缺口进行像样的回试，这对多方来说是很大的压力。并不是说这个缺口一定会补，而是对该缺口的回试是必然的。如果周四周五的盘中震荡就是对该缺口的回试，当然善莫大焉，否则一波极具杀伤力的回抽将使周四周五追涨的资金全部套牢。

2016年1月27日

非职业、专业投资者，离场空仓等待日线级别买点出现；套牢账户，借盘中短差不断降低成本，等待大级别反弹后的退出；套牢账户技术不过关做不来短差，没有办法，1月4日上午就在微博里明确地说借一切反弹走人，时至今日我也不知道怎么办。

2604.51，今天沪指周线图的250线位置，昨天解盘中提到，该位置有较强支撑，作为技术性标杆的上海指数，今天还差34个点位，实在有够差劲。

今天的反弹，本质上是由于乖离率偏大引起的，也就是价格与均线的偏离幅度太大引起的回抽，技术上并没有可见的下跌力度衰竭现象。

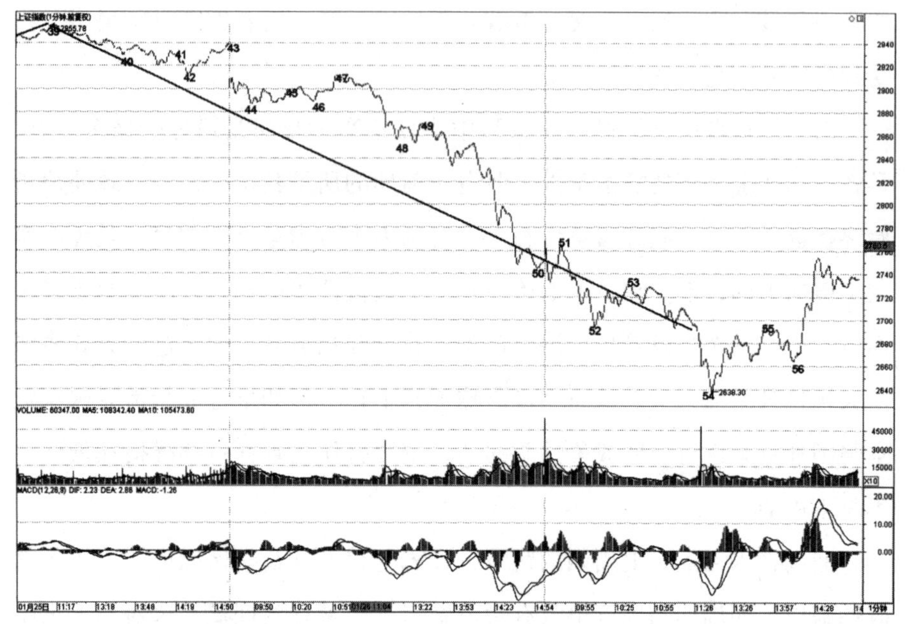

图 7－2

图 7－2 中，从 39 到 54，由于 47 与 42 不重叠，53 与 50 不重叠，52 与 55 重叠，所以，整个下跌就是个拥有三个下跌中枢的一分钟下跌趋势：第一个是 40—43，第二个是 44—47，第三个是 52—55，构成完整的 a＋A＋b＋B＋c＋D 结构。其中 c 段，从 47 开始，一直延伸到 52，经过 48—49、50—51 的次级别中枢，在 52 位置构成下跌趋势的底背驰，所以有了 52—55 中枢。随后 55—56 段，可以看作中枢震荡，也可以作为 d 段处理。

当作中枢震荡，那么今天收盘前的回抽动作就是第三买点；当作 d 段，收盘前的回抽就是第二买点。这有点像二买与三买的重合。明天如果不低开到 55 位置，反弹可以继续向更高的地方冲击，回来就还是中枢震荡。

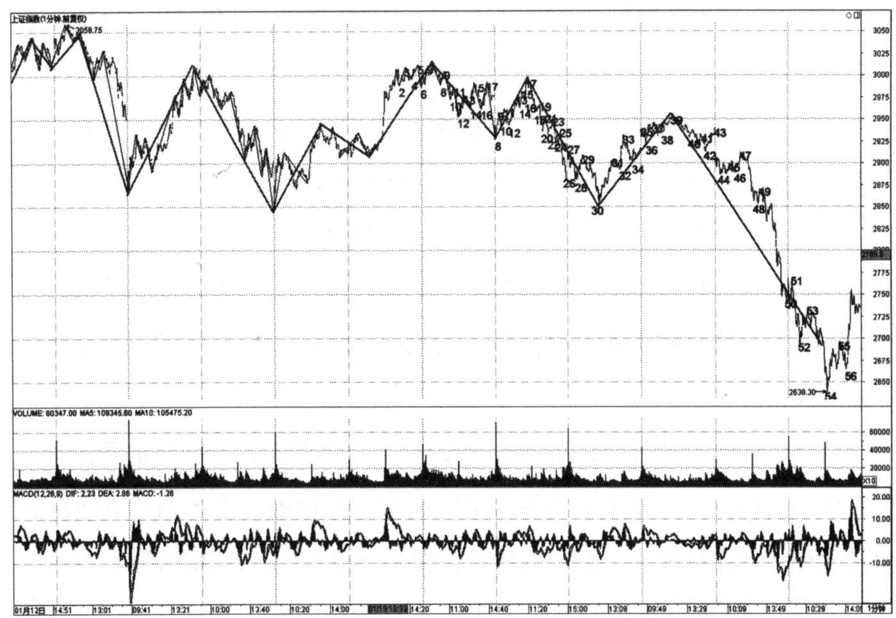

图 7－3

图 7－3，每段线段，都是同等级别走势类型，爱定义成什么级别就定义成什么级别。这里设定是 1 分钟级别，和上面的一分钟图一致。

那么从 1 月 14 日开盘，到 39 位置，就构成了标准的、由三段 5 分钟级别盘整构成的 30 分钟中枢，该中枢区间为 21 日的早盘低点到当天高点：2927. 84～2998. 18。恰好的是，39 位置之前的最后一个 5 分钟中枢的下沿，也是 8 位置。所以，从 54 位置开始，任何 2927 以下的 1 分钟或者 5 分钟反弹，都制造 30 分钟中枢的第三卖点，这是这两天反弹操作极其需要注意出现的情况。

走势，从明天开始，有可能向 5 分钟级别下跌演化，39 开始的 1 分钟下跌构成该 5 分钟级别走势的第一段，明天如果反弹延续就是第二段，然后第三段、第四段直至完成这个 5 分钟下跌。从大一点的级别来说，从 39 位置开始的下跌，一旦构造出第三卖点，那么从 39 开始的下跌就要至少去完成三段 5 分钟级别走势类型，来完成 30 分钟级别下跌形态，从而使 1 月

4 日开始的下跌形态级别扩展为日线，这也是后续走势 90% 以上可能出现的形态。

所以，空仓的继续空仓，反弹可能会比较猛烈，会有踏空的痛苦，但如果短线技术不过关，这种最多 5 分钟级别的反弹还是不要抢了吧。

进场条件，只有两种：对围绕 2928 的中枢构造出第三买点；从 39 开始的下跌完成 30 分钟级别走势类型后，与 1 月 4 日—14 日的下跌构成背驰，会有个日线级别中枢可以操作。其他所有情况，所有反弹，都是刀口舔血的勾当！

重复：这两天的反弹，可能会比较猛烈，向 2928 的猛烈反抽是极有可能发生的。但，短线技术不过关，不要参与，继续等待大级别买点或反转信号出现，这样可能会有踏空的痛苦，但是是值得的，因为风险比太高。

|附 录|

具体走势案例的分析

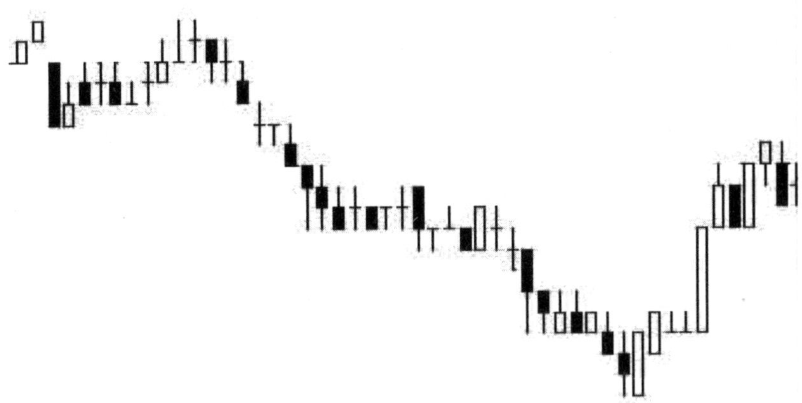

案例一：从月线到1分钟走势的“整体—细节”分析

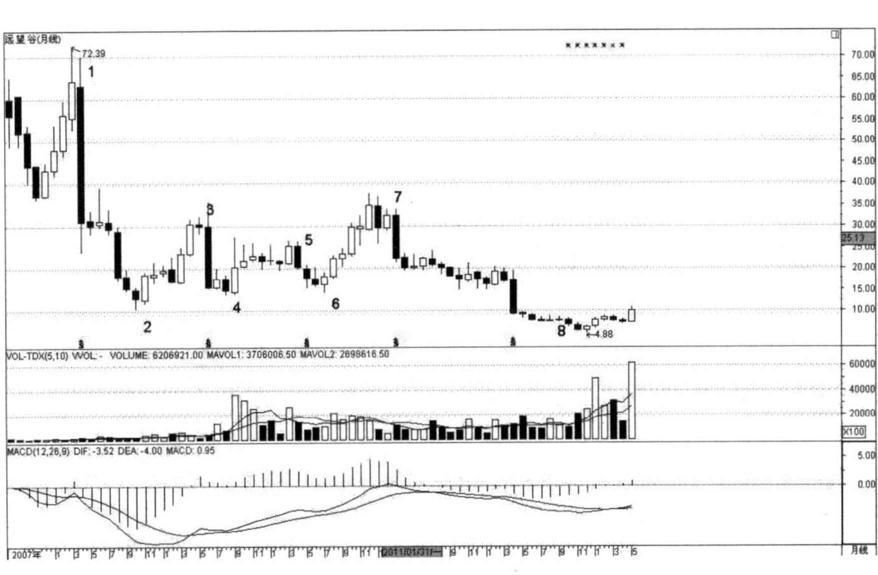

图附1

上图是2013年5月31日的“远望谷002161”月线级别走势，图中在各个高低点标明了数字。也就是说，远望谷从72.39的历史高点到4.88的历史低点之间，共由这8段走势组成。站在月线级别的观察角度看，高低点之间的走势全部当作次级别走势处理。当然实际上这些走势可能并不都是周线级别，也有可能是日线甚至30分钟级别，但在月线的观察角度中，统一看作次级别走势。

详细地分解图附 1，2—3、3—4、4—5、5—6、6—7 构成标准的月线中枢，中枢区间在 4—5 之间，7—8 与 1—2 分别代表向下离开中枢与向上离开中枢。在力度的比较上，7—8 相对于 1—2 形成标准的月线级别盘整背驰，通过 MACD 的观察更直观。这就基本上可以断定 7—8 段下跌的低点就是月线级别的类第一买点。更细致地观察 7—8 段，可以看出这段明显是 a + A + b 的经典盘整走势，那么更精细的买点就要在次级别图形中考察这三段盘整结构。

图附 2 是“远望谷”月线图中 7—8 段走势的次级别走势，即周线级别走势拆解后的结果。

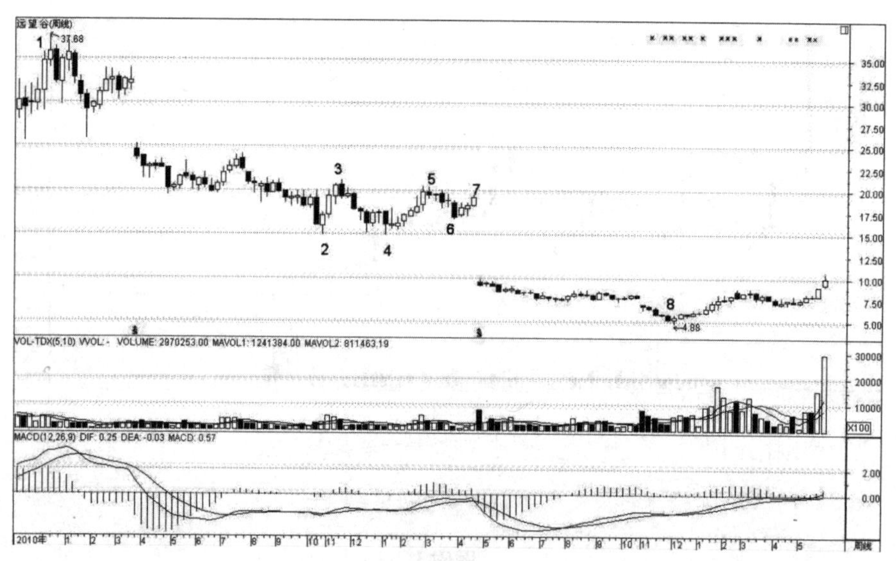

图附 2

如图中所示，这段由六段次级别走势构成，其中 1—2 段中间的那个中枢由于没有破坏这一段的第一次下跌的低点，被视为次级别中枢。而 2—3 段的高点，突破了前面那个次级别中枢的低点，所以计为一段。走势中的缺口是由于除权除息造成的，分析中可以复权也可以不复权，不复权的情况下，缺口就做下跌处理。

首先，这是月线级别背驰段7—8的次级别走势内部结构，周线中枢由2—3、3—4、4—5、5—6、6—7构成，这里也可以将1—2中的次级别中枢作为次级别走势纳入中枢范围内，对分析并不造成影响。从图中可以看出，周线级别的7—8与1—2段下跌相比，明显盘整背驰，与月线走势图很相似，7—8段同样是一个a＋A＋b的经典走势。这样，周线图中的7—8段，就是月线图（图附1）中7—8背驰段中的背驰段。这就是区间套的实际应用，通过不断缩小背驰段的范围精确买点，后面的分析会将这区间不断地套下去。

图附2中，6—7那一段走势，根据不同的精确度要求，可以认为是构成周线中枢的次级别走势，也可以被包含进5—8这个下跌走势当中。一般而言，对于原趋势的反抗力度比较小的情况，是可以不计为单独的该级别走势的，具体的精确度由自己把握，但定好了就不要经常改变，对分析结果是不会造成影响的。

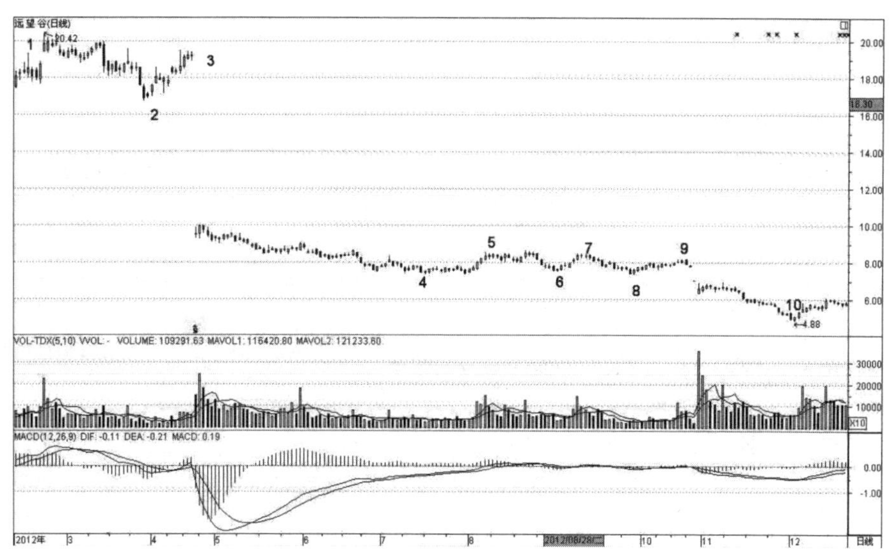

图附3

图附3是周线级别图形中7—8段的次级别走势，为日线级别。根据周线的划分，将2—3记为单独一段次级别走势，日线级别中枢由4—5、5—

6、6—7、7—8、8—9 构成，4 之前的盘整下跌同样也可以纳入中枢，这里作不纳入计。从 3 那个高点，也就是周线图（图附 2）中的 7 开始，下跌到 10，分析的过程与月线、周线相似，就不再冗述了。9—10 这一段的次级别下跌走势与 3—4 相比有明显的盘整背驰。仔细观察，9—10 是一段下跌趋势，其中包含了两个次级别中枢。从定义出发严格地讲，第二个次级别中枢对日线中枢构成第三类卖点，因为要满足次级别离开、次级别返回不到中枢低点的要求。而在实际操作中，最好将前一个作为第三卖点处理，宁愿卖早了也不要卖晚了。9—10 的下跌反映在 MACD 中，明显最后一段下跌对应的绿柱子面积要小于前两次下跌，这就形成了月线背驰段中的周线背驰段中的日线背驰段中的 30 分钟背驰段。随着背驰段地不断缩小，买点也随之逐渐精确，这样的区间套可以一直进行到 1 分钟图中，通过观察绿柱子的长短，最终可以确定 1 分钟以下级别的背驰段。

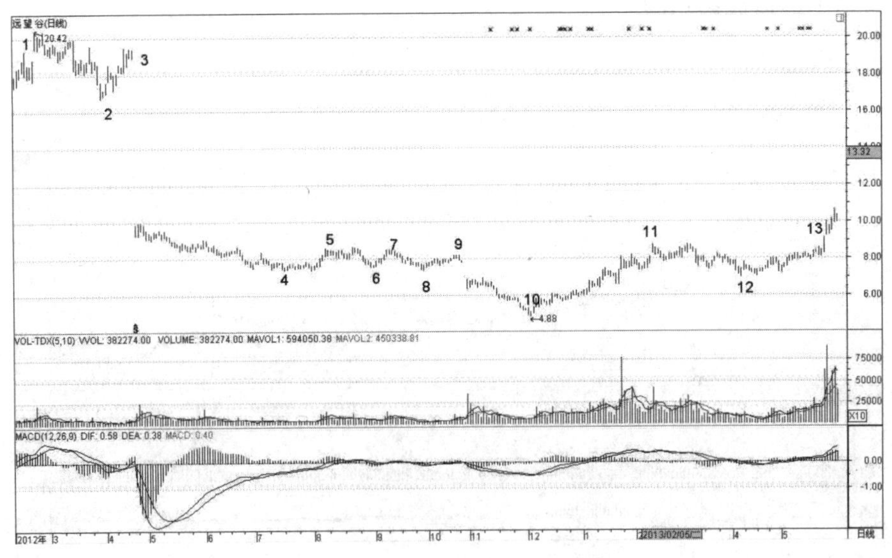

图附 4

图附 4 是日线第一买点前与第一买点后的完整走势。在 10 的低点4. 88 价位确定了第一买点后，走势很快回到了前面下跌中枢的范围内，并在 11 点构成 30 分钟级别的趋势顶背驰。由于第一买点同时也是月线、周线、日线背驰段的低点，根据理论，第一波的上涨至少是日线级别，那么在30分钟顶背驰后，就应该知道随后的走势必然会形成第一个上涨中的日线中枢。事实上，11—12之间的30分钟中枢与10—11中的第二个30分钟中枢重叠，构成一个日线中枢。同时，11—12这一下跌，在12位置形成盘整背驰，构成标准的第二买点。反映在MACD中，黄白线被10—11这一段上涨拉上零轴后，对应在12前后有明显的三次回抽。而12的低点，同样是用区间套的方法通过不断缩小背驰段的范围而确定的。

12之后价格继续上涨，直到13位置，形成第三买点，被破坏的中枢以12为中心。

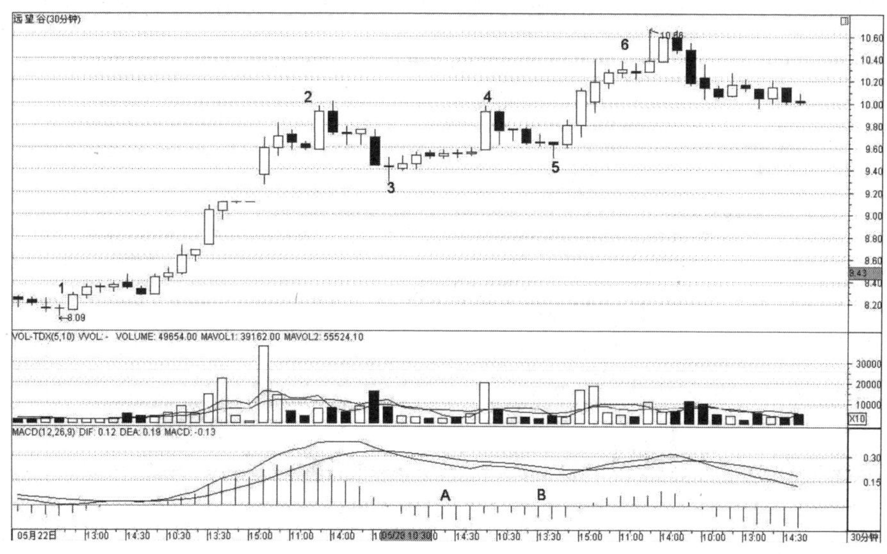

图附5

上图是日线级别走势图（图附4）中，13位置的次级别走势，图形级别为30分钟。走势在日线图表的12后展开30分钟级别的上涨，在上图中，1—2段的走势通过对应的MACD绿柱子的长短可以看出，2是个次级别的顶背驰点，随后展开5分钟级别中枢的构造。在走势波动较为剧烈时，在等待次级别离开、次级别回抽的过程中，涨幅已经相当巨大。这时，次级别的第三买点往往比该级别买点更具有操作价值。这要根据实际情况来判定，不熟练的就按理论严格地等待次级别离开与返回。

严格意义上来讲，2—3、3—4、4—5 只是 5 分钟中枢，但观察 2—3 段的下跌与 4—5 段的下跌所对应的 MACD 绿柱子，随着 3—4 的上涨被回抽到零轴附近。站在 30 分钟的视角下，完全可以将 2—3、3—4、4—5 当作次级别走势段，那么 2—3、3—4、4—5 就构成了 30 分钟中枢。其中，4—5段的下跌比 2—3 段的下跌力度明显要小一些。这时，就可以判定第三买点成立了。

图附 5 中，一定要注意中枢破坏点与第三买点的区别，2—3 段构成对前中枢的破坏，而 4—5 段的低点不跌回前中枢内，才构成 5 位置的第三买点。因为在 2—3 段刚走出来的时候，这一段回抽走势还没有结束，而通过

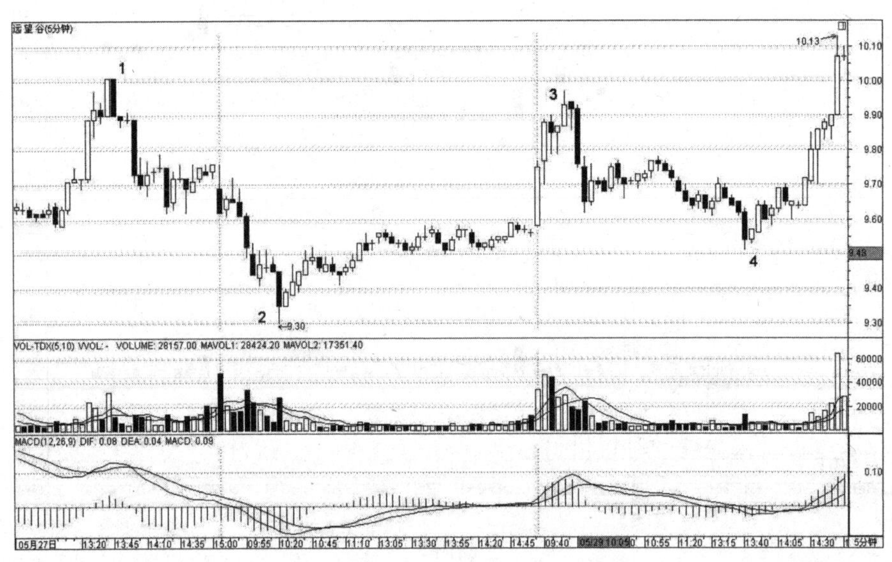

图附 6

4—5 与 2—3 的盘整背驰，就可以判定 5 位置之后必定要回升，且次级别回抽完成，这时第三买点才能成立。如果 4—5 的下跌力度比 2—3 大，那么就应该继续等待，在至少出现 4—5 段的次级别背驰后买入，这就属于中枢震荡的操作了。

30 分钟走势图（图附 5）中，2—5 的那个中枢的次级别走势，级别为

5 分钟。图附 6 中，3—4 是 1—2 的盘整背驰段。根据走势必完美的理论，3—4 段必定至少有三段走势。事实上，3—4 段的下跌就是标准的下跌 + 横盘 + 下跌，寻找精确的买点需要继续考察 3—4 段的内部结构，即 1 分钟走势（图附 7）。

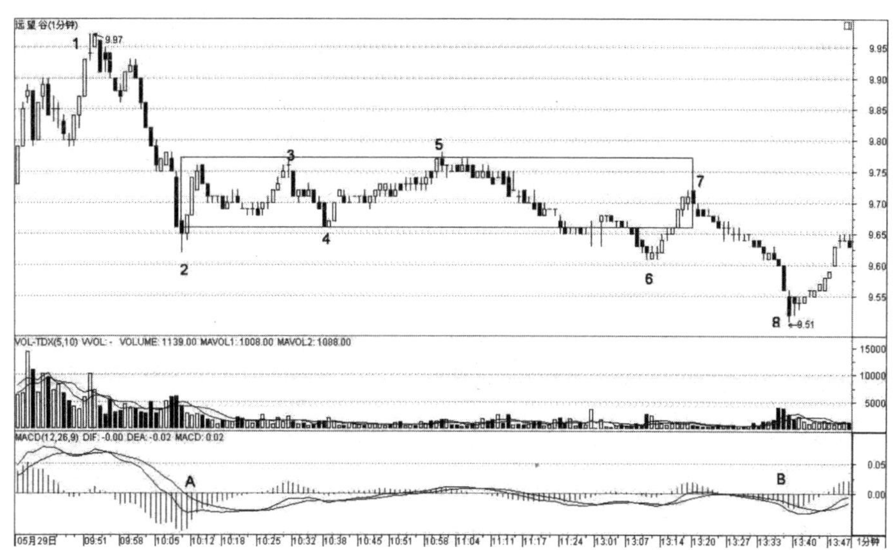

图附 7

上图是 5 分钟级别走势图中 3—4 盘整背驰段的次级别走势，级别为 1 分钟。2—7 构成 1 分钟中枢，区间为 3—4，1—2 与 7—8 为离开中枢的两段走势，其中 7—8 对 1—2 形成盘整背驰。再小级别的图形就无法继续观察了，但 8 下跌段最后一根 K 线，上影线意味着在这根 K 线内部至少有三段分笔的震荡。如果图形可以继续细分下去，是可以看到 9.51 那个第一买点的。在实际操作中，往往 1 分钟的图都不需要看，在操作级别中，前后两个级别就是所有了。比如设定的操作级别是 30 分钟，那么 5 分钟、30 分钟、日线级别图形就是可参照的所有，其他的没有必要再看了。

8 位置之后的上涨，在 30 分钟图（图附 5）中是 5—6 段，又与 30 分钟图中的 1—2 段形成盘整背驰，6 位置之后的下跌就是天经地义的了。

此外，月线级别图（图附 1）中，1—2 段的下跌低点与月线级别中枢的震荡低点都在 2 位置，那么第一买点后的上涨，就基本可以确定至少达到 2 的价位。而在周线级别行情图（图附 2）中，第一买点后所对应的前中枢低点在周线中枢的 4 位置，这就为第一买点后的操作提供了预期的必然。

案例二：创业板综合指数的立体分析

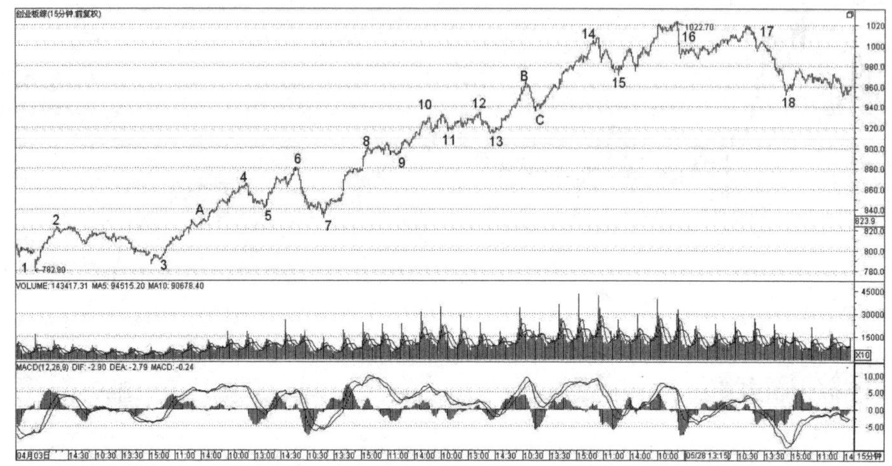

图附 8

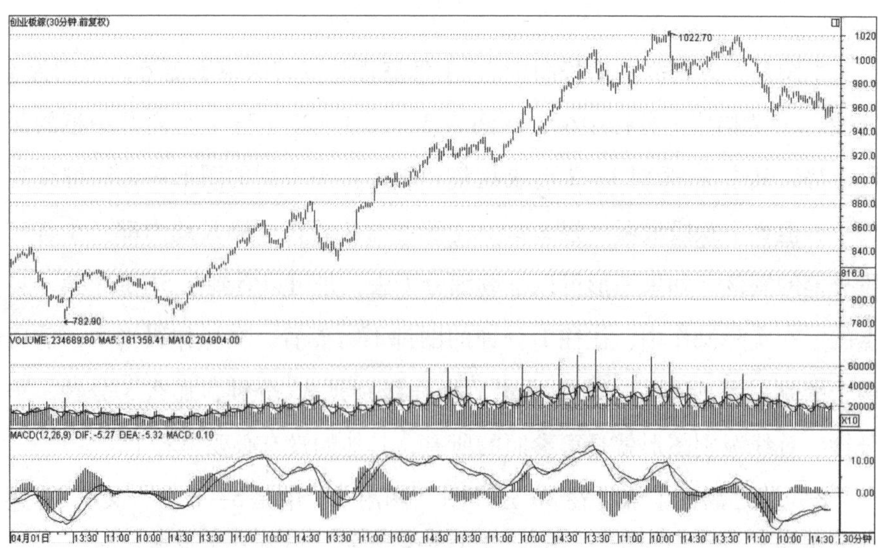

图附 9

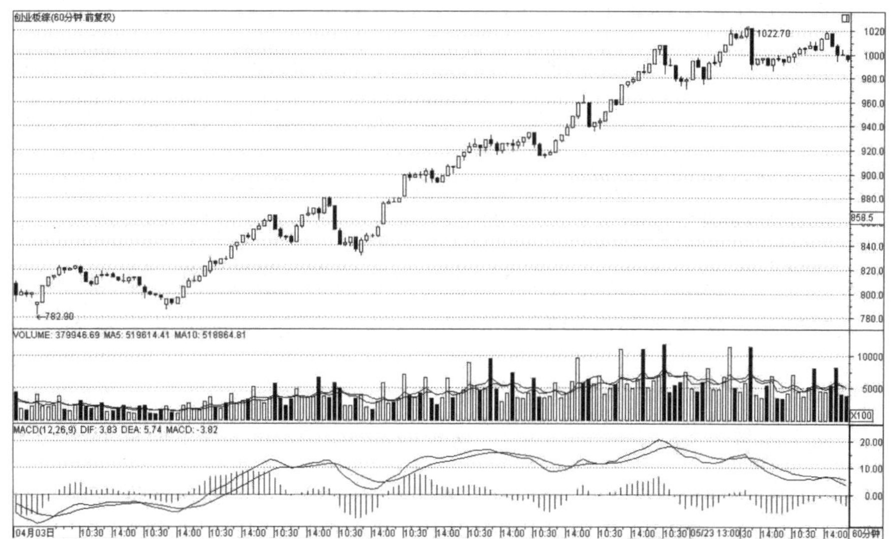

图附 10

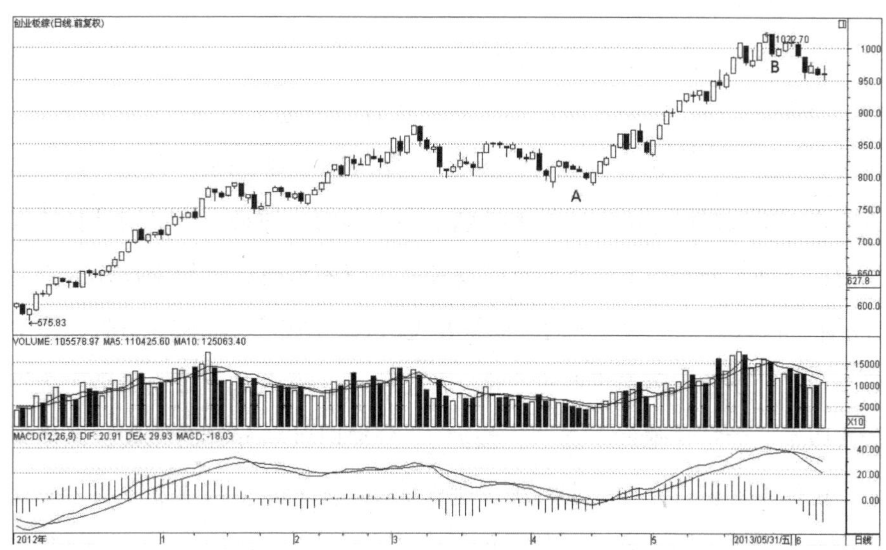

图附 11

上面四幅图分别是创业板综合指数（399102）2013 年 4 月 8 日—5 月 31 日的 15 分钟、30 分钟、60 分钟、日线走势图。日线图（图附 11）是一个完整的盘整上涨走势，分钟图体现的全部是第二段上涨，即日线图中的AB段。这里之所以用创业板综合指数，是因为同期的上证与深证综指各级别走势的K线上下影线过多，对直观的看图造成不便。为方便读者，特选择K线光滑的创业板。

这几个级别与图形只作为案例进行分析，其他级别的走势分析是类似的。在第一幅15分钟图（图附8）中，所有数字之间为次级别走势段，字母标示的是一些重要的位置与高低点。下面进行15分钟图的同级别分解分析。

从1位置开始，1—2上升段，从对应的MACD可以看出明显的次级别背驰，红柱子有两个波峰，第二个波峰的高度略低，并且面积没有前一个大。随后震荡下行到3，形成第二买点。2—3之间的次级别中枢，以及3之前的第三卖点在图中都很明显，次级别中枢前后的下跌力度明显盘整背驰，于是在3位置展开上扬。

当行情从3刚开始上涨的时候，最重要的点位是2。如果次级别走势在2位置下形成次级别背驰，那么就意味着一个更大级别的中枢要形成。事实上，走势从3到A位置时，从图中看出明显次级别盘整背驰，这时是否要走，要根据操作级别以及大级别走势来判断。如果操作级别是日线级别的，这种5分钟以下级别的盘整背驰就可以不考虑；但如果操作级别是5分钟，这时为了资本安全的考虑就要先出来。图中级别是15分钟，考察日线走势，正处于第二买点后的第一段上涨中，那么这个日线级别次级别的次级别的盘整背驰就不参与。按照15分钟同级别分解的原则，即使要走，起码也要是5分钟级别背驰，所以继续。A处是个次级别中枢，后面紧接着一个小级别的第三买点，继续上涨到4。在4位置，盘整背驰出现。这时首先考察3—4段与1—2段的力度，这不通过MACD都可以看得出来，在30分钟与60分钟图中就更明显了。这时就可以判断出，3—4这个次级别的盘整背驰，将产生日线上涨第二段的第一个次级别中枢。

4—5段，盘整背驰的判断方法与1—2段是一致的，5—6段就更加明显了。这里要特别提出的是 5 位置，1—2、2—3、3—4 三个次级别走势已然构成一个 15 分钟级别中枢，3—4 盘整型次级别离开，4—5 盘整型次级别返回，构成第三买点。这个第三买点所针对的中枢并不符合我们之前设定的中枢，但这个中枢是符合中枢定义的，实际分析中是否要当作一个中枢来看，可以根据自己的习惯，视分析的简便性而定，这里只是理论上探讨。

6—7 段与 4—5 段相比，并没有盘整背驰。4—5、5—6、6—7 是个扩张型的 15 分钟中枢，6—7 的盘整背驰通过 MACD 的观察同样很明显，随后从 7 开始走中枢的第四段。

7 开始的上涨到 6 位置附近，力度已经明显大于 5—6 段，同时在图形中也没有任何背驰，这时就应该继续持有，至少等待次级别背驰出现。这个次级别背驰位置在 8，随后 8—9 构成相对于 4—5、5—6、6—7 中枢的第三买点。这里的操作，站在 15 分钟同级别分解的角度上是应该先出来的，其后 8—9 段的中枢可以通过中枢震荡的操作，或者 9 之后相对于 8—9 这个次级别中枢的第三买点再进入。

9—10 段，最后一次上涨的小高点处，明显是次级别背驰，那么 10 位置就是 7—10 上涨段的背驰段的背驰段。再考察 7—10 与 3—4 段这一 15 分钟中枢前后两个次级别走势，这时才构成标准的 15 分钟级别盘整背驰，中枢区间在 4—5 之间，7—10 相对于 1—4 盘整背驰。盘整背驰后的两种情况：一是回到中枢区间，二是形成第二个同级别中枢。在上图中出现的是第二种情况，但在实际操作中，10 位置的背驰点出现后就应该先出来，等待调整结束。或者短线技术好的，就可以在 10—13 之间按照次级别走势操作中枢震荡。这个中枢震荡的操作在 13 位置重新买进后，应该在 B 点再次退出，随后根据次级别走势在 C 点再买进。从图形上看，C 点是第三买点。C 点后的走势在 14 位置结束，比较 13—B 与 C—14，没有盘整背驰，所以继续持有到 16。这时 15—16 与 13—14 就构成了标准的盘整背驰，同时 13—16 与 7—10 形成背驰，16 位置又是 15—16 段的第一卖点。

于是，13—16 是 15 分钟级别上涨趋势的背驰段，15—16 是这个背驰段里的次级别背驰段，16 位置是 15—16 的第一卖点。于是，三重的区间套确定了 16 是从 1 到 16 这一 15 分钟上涨趋势的第一卖点。后面的走势基本可以断定要回到 10—11 区间内了。16 后面的 17 高点是第二卖点，然后继续下跌到 18，次级别下跌背驰引发的次级别中枢从 18 位置开始，同时构成 14—17 这一 15 分钟中枢的第三卖点。这样就完成了一个 15 分钟级别上涨趋势的操作。

如果按照日线操作，那么在 14 位置之前就都应该持有。因为在日线图（图附 11）中，AB 的上涨反映在 MACD 中明显的有三个波峰，第三个，也就是图附 8 中 14 位置的前一根红柱子已经比前面的短，14 比它更短，这时才有图附 11 中 AB 段次级别背驰的危险。再考察日线中枢前后的两个上涨，AB 段是个在日线中看不太明显、但在周线中非常明显的盘整背驰，这就在区间套背驰段的判断中要求暂时退出了。

案例三：各种背驰的图形

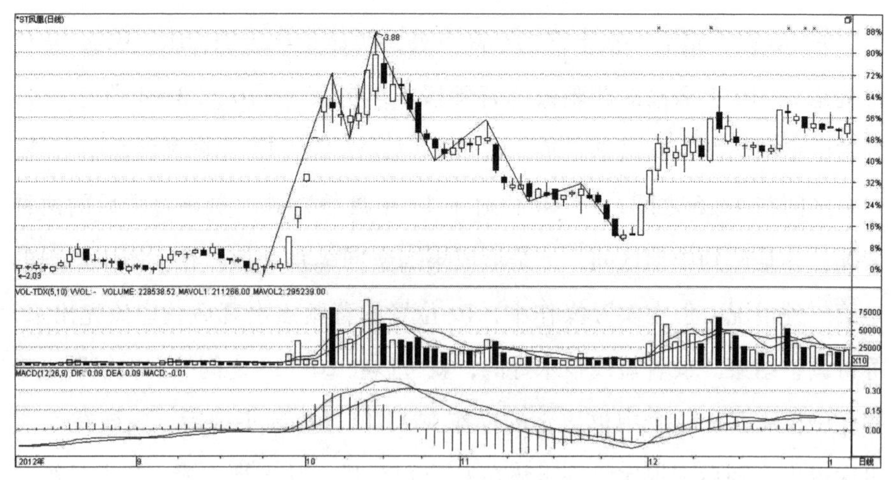

图附 12

北海港(日线)
13.78
7.60
盘整背驰与第三买点
VOL-TDX(5,10) VVOL: 11832.00 VOLUME: 11832.00 MAVOL1: 13105.95 MAVOL2: 18944.88
MACD(12,26,9) DIF: -0.33 DEA: -0.28 MACD: -0.11
2012年
2013/04/19/五

图附 13

*ST国恒(日线)
3.18
1.97
VOL-TDX(5,10) VVOL: - VOLUME: 507926.75 MAVOL1: 536721.63 MAVOL2: 984816.81
MACD(12,26,9) DIF: 0.07 DEA: 0.08 MACD: -0.02
比较MACD红柱子面积之和
2011年
2012/04/18/三

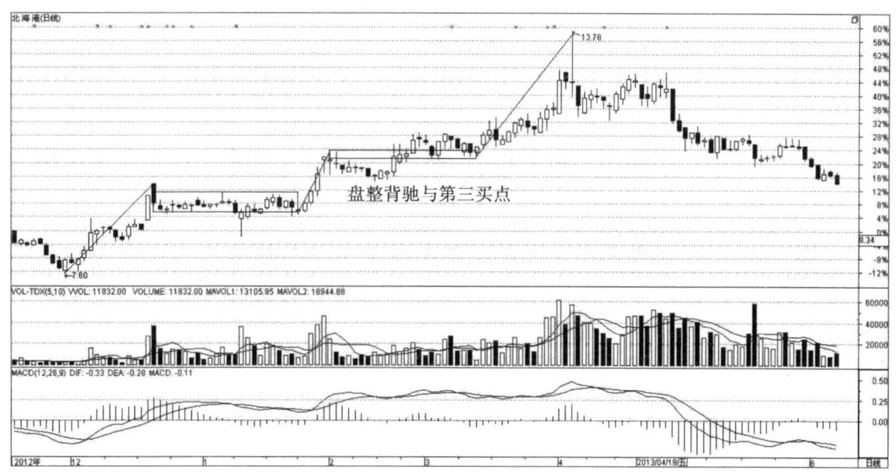

图附 14

南方汇通(日线)
9.49
5.68
7.26
下跌盘整背驰与上涨盘整背驰
VOL-TDX(5,10) VVOL:- VOLUME: 24705.07 MAVOL1: 35811.20 MAVOL2: 45984.80
MACD(12,26,9) DIF: -0.14 DEA: -0.01 MACD: -0.25
2011年
2012/05/28/一
日线

图附 15

恒基达鑫(日线)
15.13
10.75
14.08
VOL-TDX(5,10) VVOL: 17022.00 VOLUME: 17022.00 MAVOL1: 17338.20 MAVOL2: 24937.80
MACD(12,26,9) DIF: 0.12 DEA: 0.15 MACD: -0.05
2012年
2013/04/23/二
日线

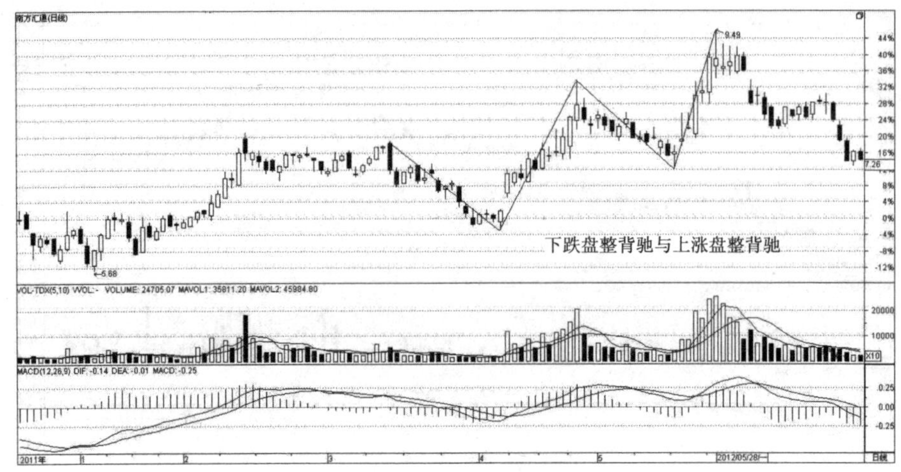

图附 16

新宁物流(日线)
上涨+横盘的盘整背驰与第三买点
VOL-TDX(5,10) VVOL: - VOLUME: 18777.04 MAVOL1: 20047.50 MAVOL2: 19856.75
MACD(12,26,9) DIF: 1.79 DEA: 1.68 MACD: 0.23

图附 17

飞力达(日线)
向下突破中枢的次级别下跌+类第三卖点
盘整背驰后的上涨
VOL-TDX(5,10) VVOL: 31725.00 VOLUME: 31725.00 MAVOL1: 47529.20 MAVOL2: 50099.35
MACD(12,26,9) DIF: 0.32 DEA: 0.35 MACD: -0.05

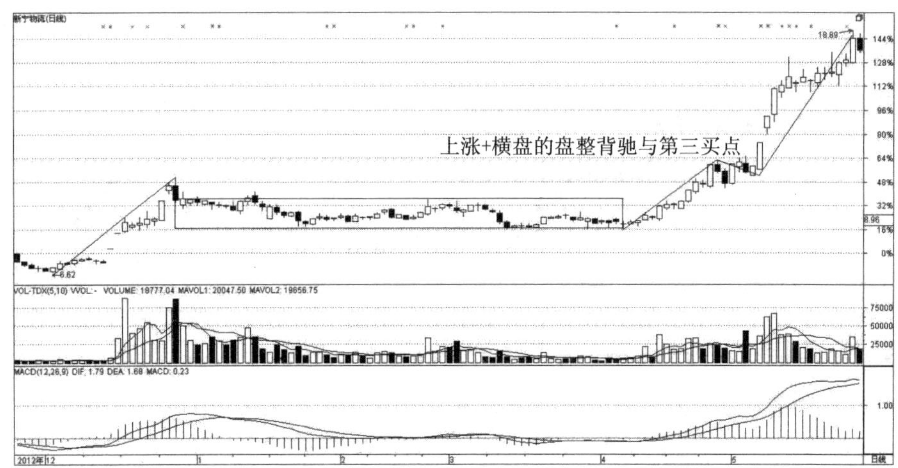

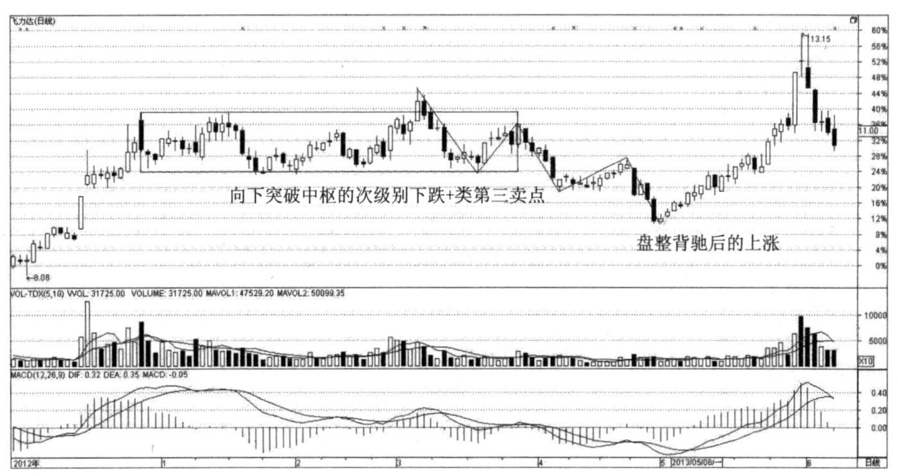

图附 18

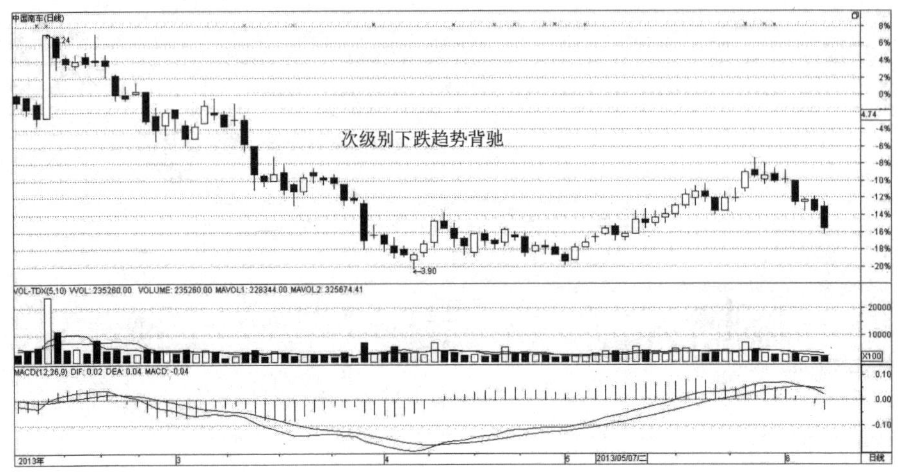

图附 19

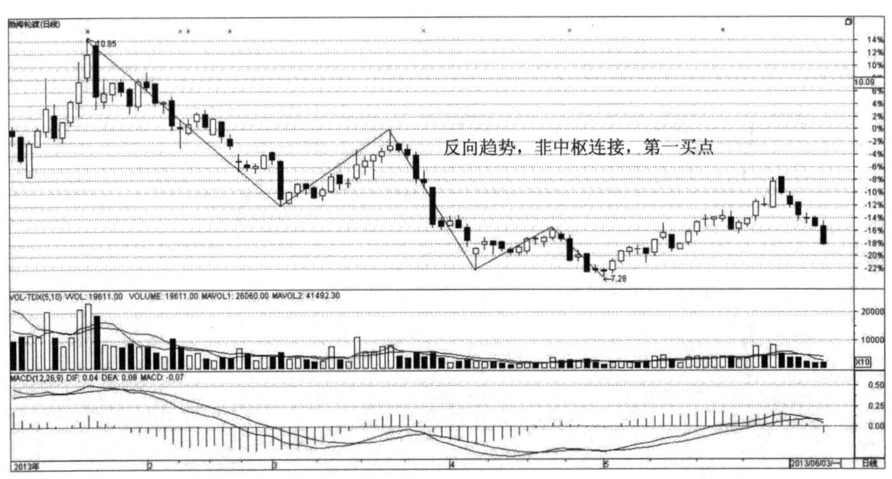

图附 20

图附 21

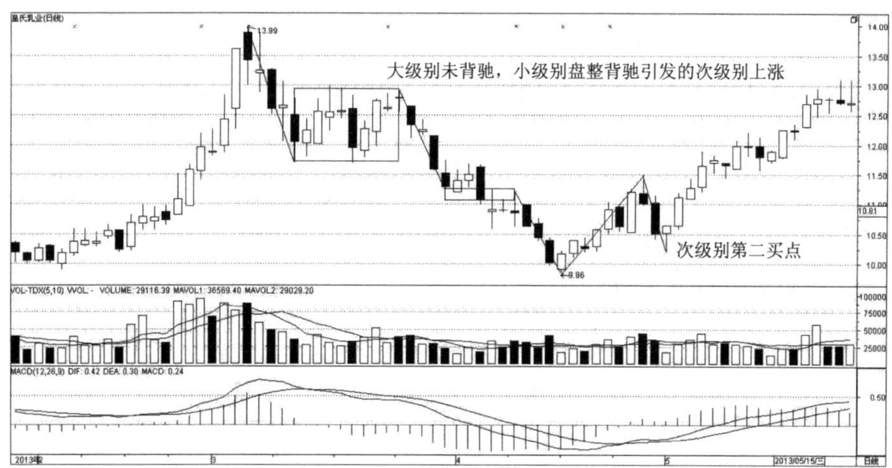

图附 22

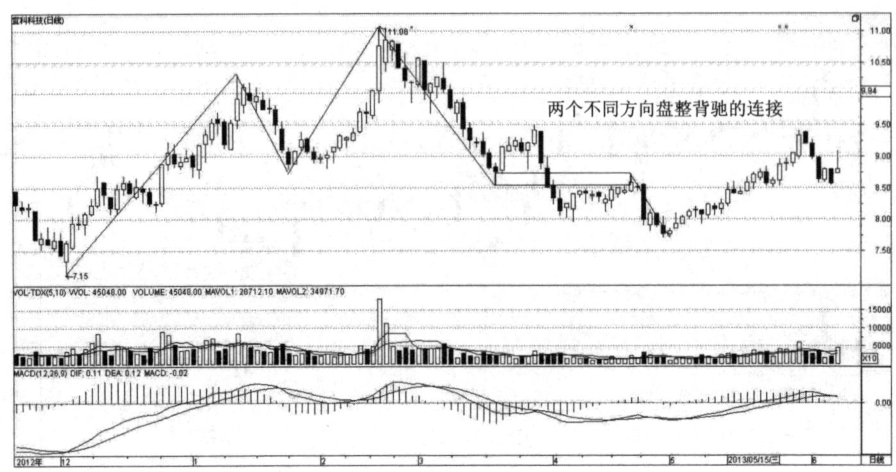

图附 23

图附 24

14.59
8.00
VOL-TDX(5,10) VVOL: 70675.00 VOLUME: 70675.00 MAVOL1: 34352.80 MAVOL2: 39253.20
MACD(12,26,9) DIF: -0.08 DEA: -0.08 MACD: -0.05

图附 25

8.63
4.57
VOL-TDX(5,10) VVOL: - VOLUME: 43274.59 MAVOL1: 47048.80 MAVOL2: 49114.00
MACD(12,26,9) DIF: 0.06 DEA: 0.08 MACD: -0.04

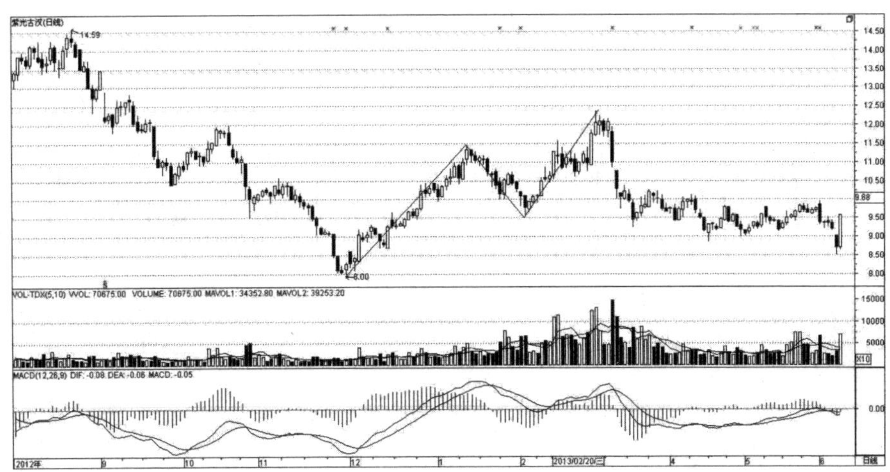

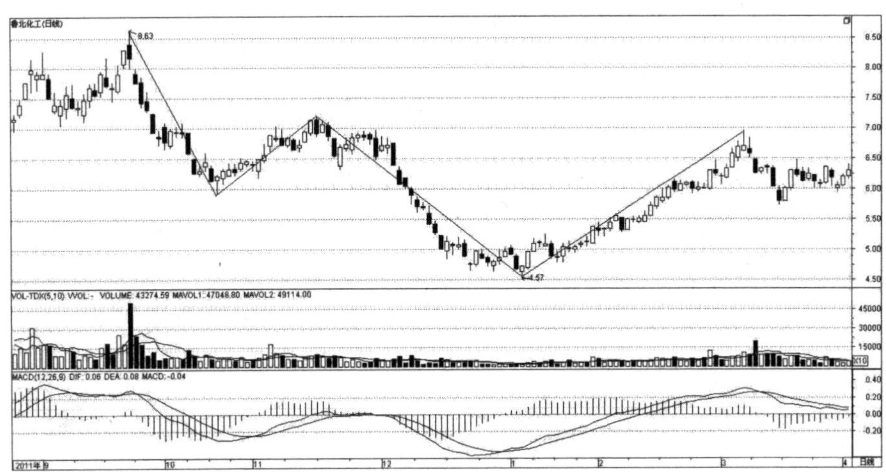

图附 26

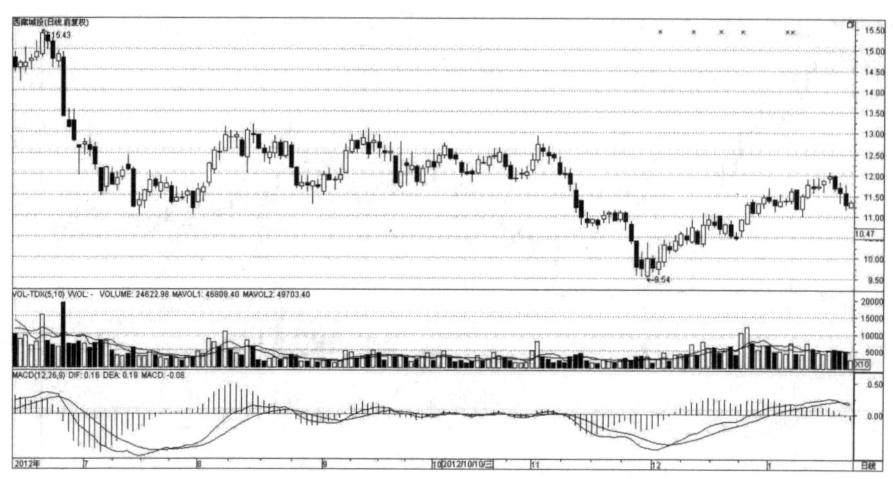

图附 27

案例四：第二买卖点的各种形态

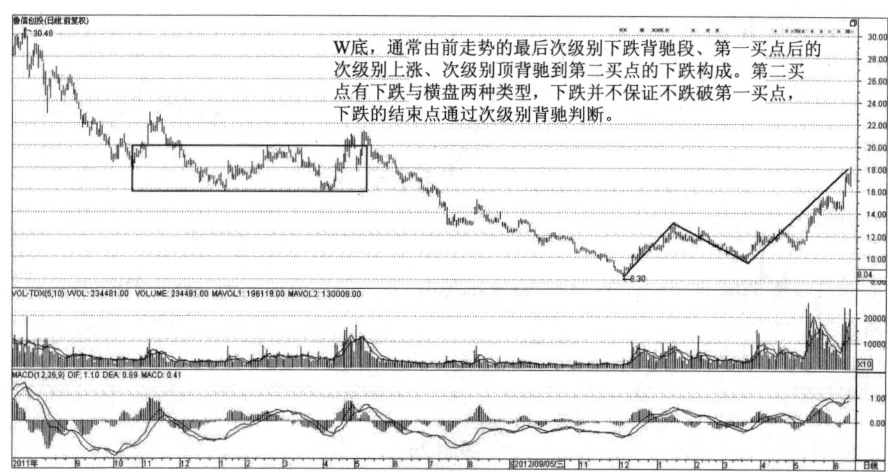

图附 28

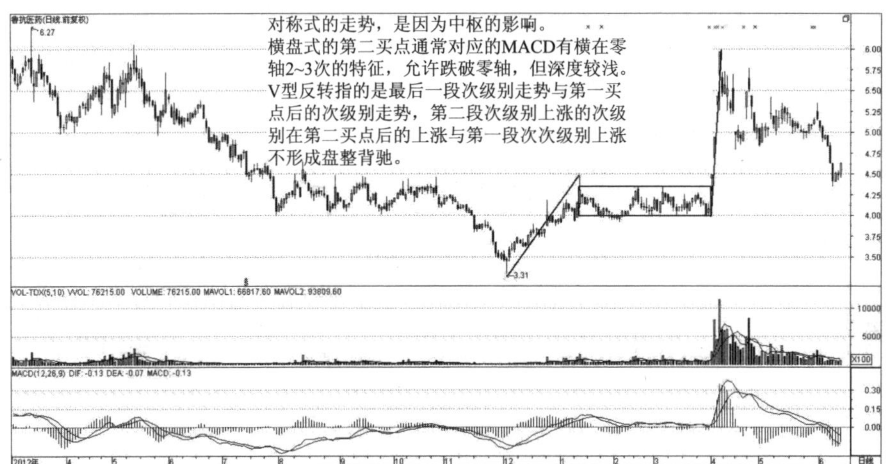
对称式的走势，是因为中枢的影响。
横盘式的第二买点通常对应的MACD有横在零
轴2~3次的特征，允许跌破零轴，但深度较浅。
V型反转指的是最后一段次级别走势与第一买
点后的次级别走势，第二段次级别上涨的次级
别在第二买点后的上涨与第一段次次级别上涨
不形成盘整背驰。
6.27
3.31

图附 29

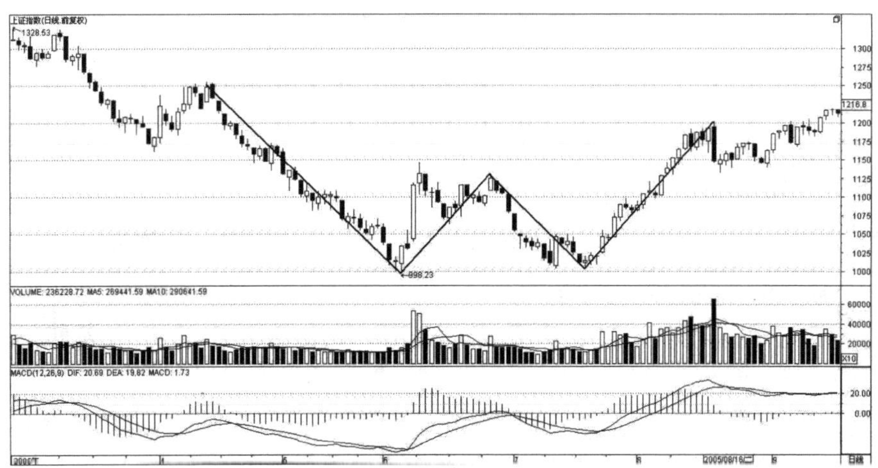
上证指数(日线,前复权)
1328.53
998.23

图附 30

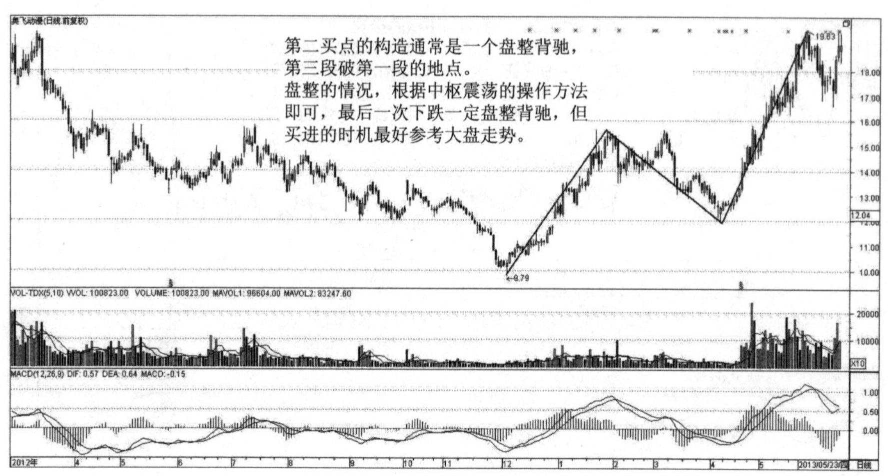
奥飞动漫(日线 前复权)
第二买点的构造通常是一个盘整背驰，
第三段破第一段的地点。
盘整的情况，根据中枢震荡的操作方法
即可，最后一次下跌一定盘整背驰，但
买进的时机最好参考大盘走势。
19.63
9.79
VOL-TDX(5,10) VVOL: 100823.00 VOLUME: 100823.00 MAVOL1: 96604.00 MAVOL2: 83247.60
MACD(12,26,9) DIF: 0.57 DEA: 0.64 MACD: -0.15
2012年
2013/05/23/四
日线

图附 31

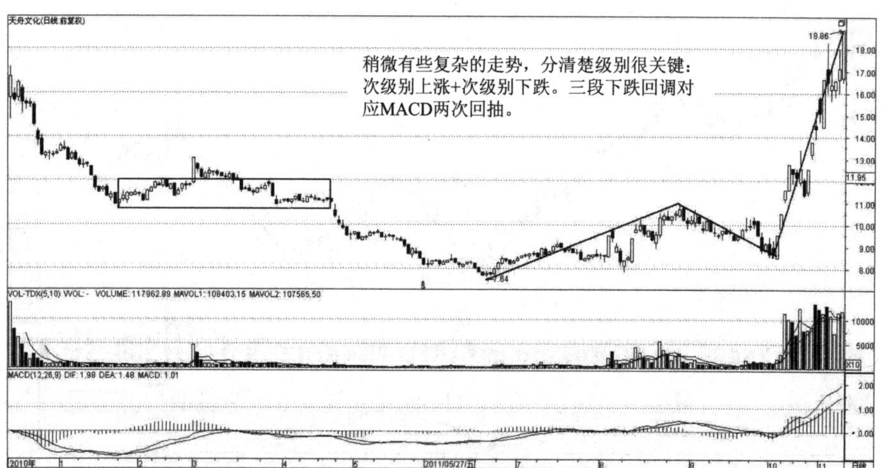
天舟文化(日线 前复权)
稍微有些复杂的走势，分清楚级别很关键：
次级别上涨+次级别下跌。三段下跌回调对
应MACD两次回抽。
18.86
7.84
VOL-TDX(5,10) VVOL: - VOLUME: 117962.89 MAVOL1: 108403.15 MAVOL2: 107565.50
MACD(12,26,9) DIF: 1.98 DEA: 1.48 MACD: 1.01
2010年
2011/05/27/五
日线

图附 32

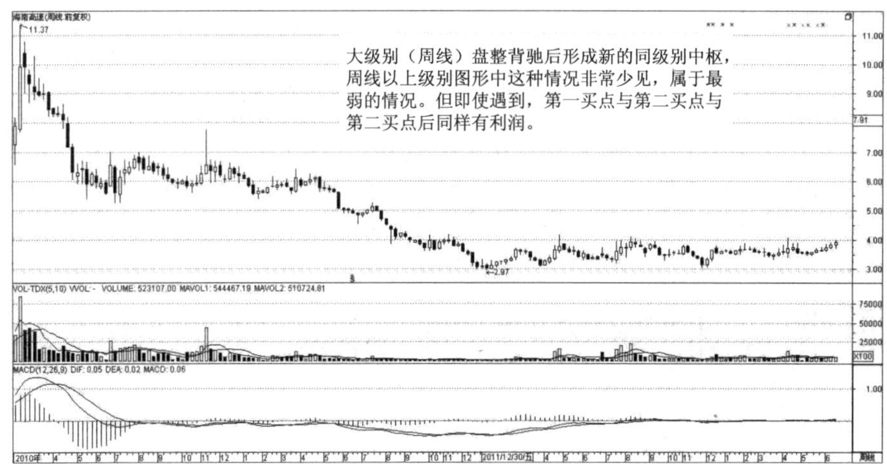
大级别（周线）盘整背驰后形成新的同级别中枢，
周线以上级别图形中这种情况非常少见，属于最
弱的情况。但即使遇到，第一买点与第二买点与
第二买点后同样有利润。
11.37
2.97
VOL-TDX(5,10) VVOL: - VOLUME: 523107.00 MAVOL1: 544467.19 MAVOL2: 510724.81
MACD(12,26,9) DIF: 0.05 DEA: 0.02 MACD: 0.06

图附 33

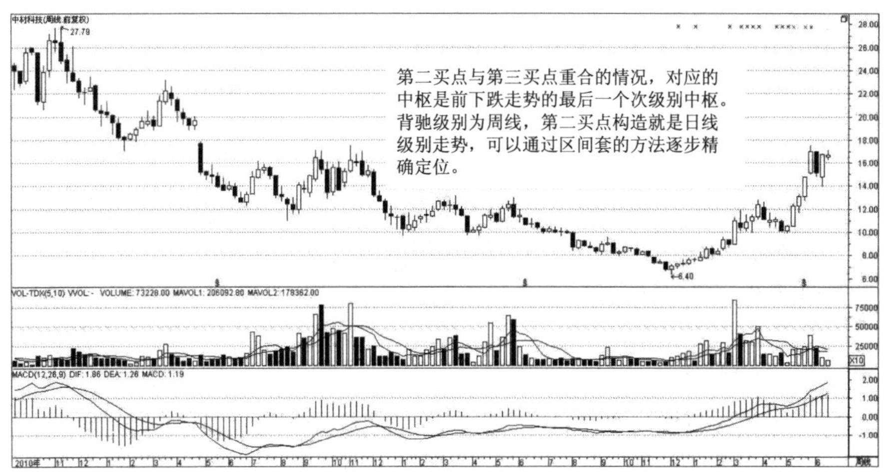
第二买点与第三买点重合的情况，对应的
中枢是前下跌走势的最后一个次级别中枢。
背驰级别为周线，第二买点构造就是日线
级别走势，可以通过区间套的方法逐步精
确定位。
27.79
6.40
VOL-TDX(5,10) VVOL: - VOLUME: 73228.00 MAVOL1: 206092.80 MAVOL2: 178362.00
MACD(12,26,9) DIF: 1.86 DEA: 1.26 MACD: 1.19

图附 34

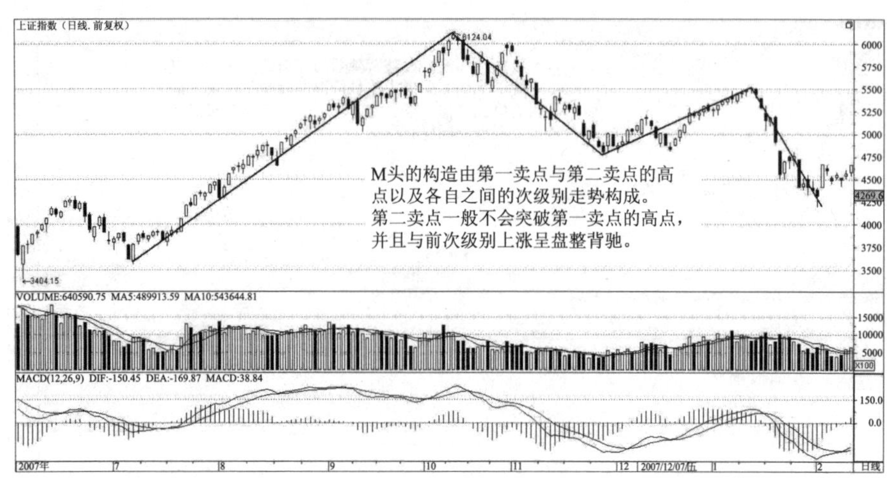
上证指数（日线. 前复权）
6124.04
3404.15
M头的构造由第一卖点与第二卖点的高点以及各自之间的次级别走势构成。
第二卖点一般不会突破第一卖点的高点，并且与前次级别上涨呈盘整背驰。
VOLUME:640590.75 MA5:489913.59 MA10:543644.81
MACD(12,26,9) DIF:-150.45 DEA:-169.87 MACD:38.84

图附 35

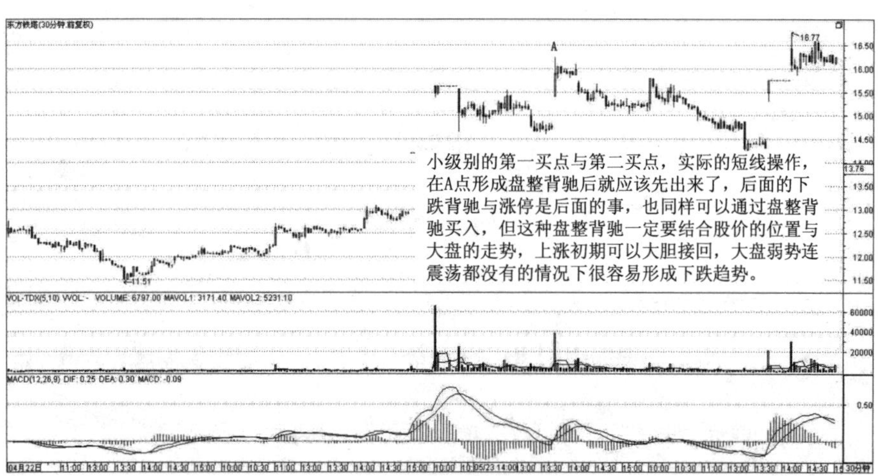
东方铁塔(30分钟.前复权)
A
18.77
11.51
小级别的第一买点与第二买点，实际的短线操作，在A点形成盘整背驰后就应该先出来了，后面的下跌背驰与涨停是后面的事，也同样可以通过盘整背驰买入，但这种盘整背驰一定要结合股价的位置与大盘的走势，上涨初期可以大胆接回，大盘弱势连震荡都没有的情况下很容易形成下跌趋势。
VOL-TDX(5,10) VVOL:- VOLUME: 6797.00 MAVOL1: 3171.40 MAVOL2: 5231.10
MACD(12,26,9) DIF: 0.25 DEA: 0.30 MACD: -0.09

图附 36

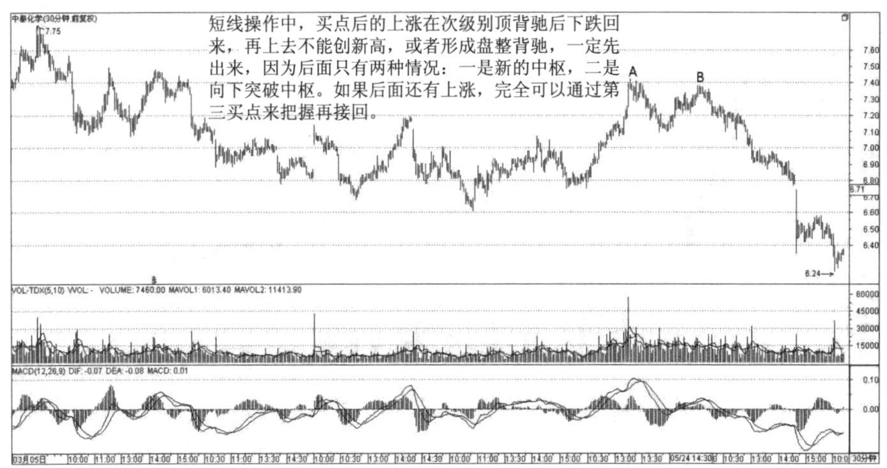

图附 37

案例五：一些大级别盘整背驰的图形

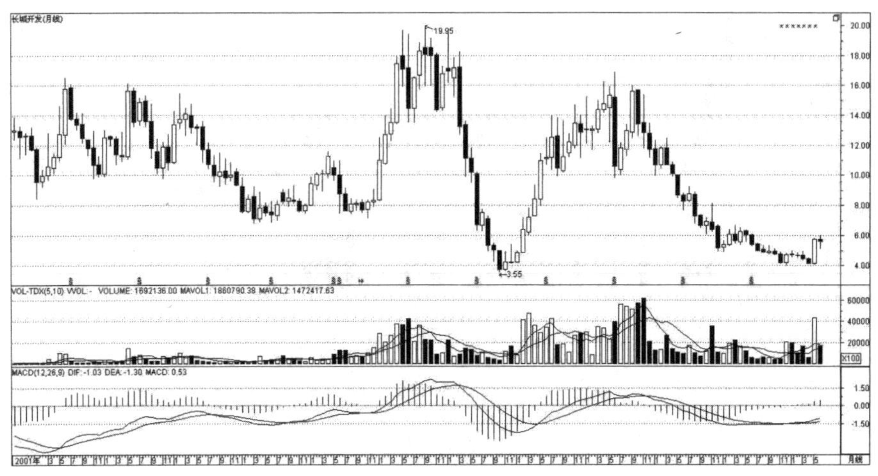

图附 38

20.38
3.50
10.90
VOL-TDX(5,10) VVOL: - VOLUME: 523433.00 MAVOL1: 1187385.63 MAVOL2: 1294995.25
MACD(12,26,9) DIF: -0.70 DEA: -0.81 MACD: 0.23

图附 39

川化股份(月线)
17.78
3.09
4.72
VOL-TDX(5,10) VVOL: - VOLUME: 655784.00 MAVOL1: 498203.19 MAVOL2: 460073.59
MACD(12,26,9) DIF: -0.44 DEA: -0.85 MACD: 0.42

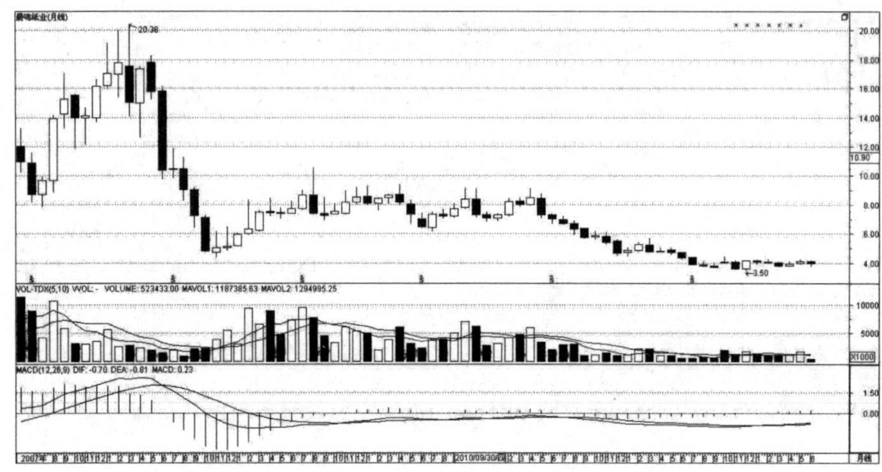

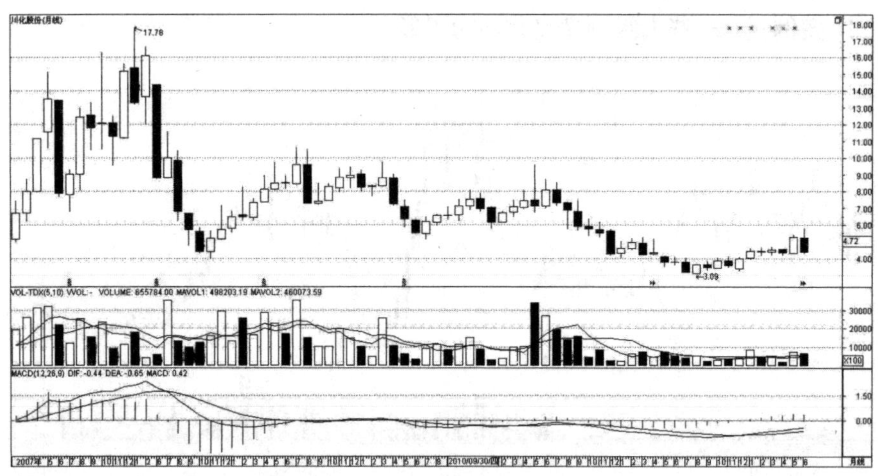

图附 40

华闻传媒(45日线)
32.90
2.54
VOL-TDX(5,10) VVOL: - VOLUME: 7994707.00 MAVOL1: 4519283.00 MAVOL2: 4635853.00
MACD(12,26,9) DIF: 0.28 DEA: -0.22 MACD: 1.01
14.93
X1000
45日线

图附 41

金智科技(45日线)
37.79
5.99
VOL-TDX(5,10) VVOL: - VOLUME: 542927.00 MAVOL1: 637456.81 MAVOL2: 676335.00
MACD(12,26,9) DIF: -3.31 DEA: -3.28 MACD: -0.07
X100
45日线

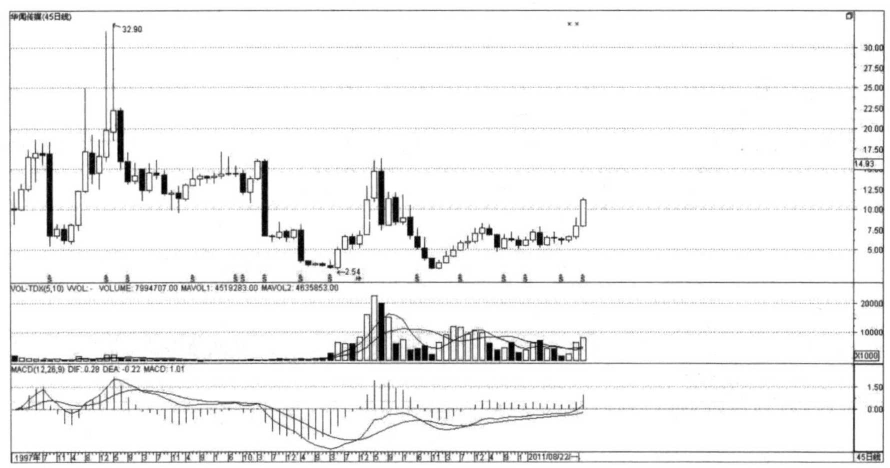

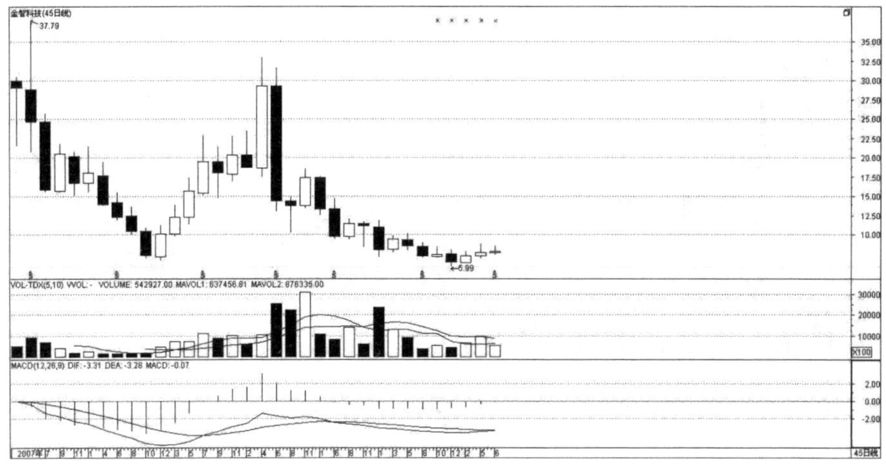

图附 42

农产品(月线)
36.88
4.10
VOL-TDX(5,10) VVOL:- VOLUME: 1639825.88 MAVOL1: 3031539.25 MAVOL2: 3392630.50
MACD(12,26,9) DIF: -2.11 DEA: -2.42 MACD: 0.62
2010/02/26/五
月线

图附 43

深圳机场(月线)
15.73
3.39
VOL-TDX(5,10) VVOL:- VOLUME: 189675.00 MAVOL1: 447728.00 MAVOL2: 648219.19
MACD(12,26,9) DIF: -0.42 DEA: -0.50 MACD: 0.16
月线

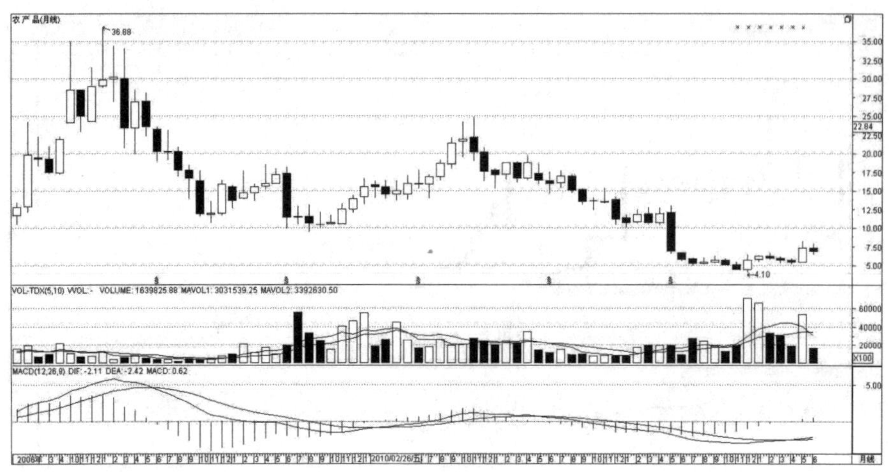

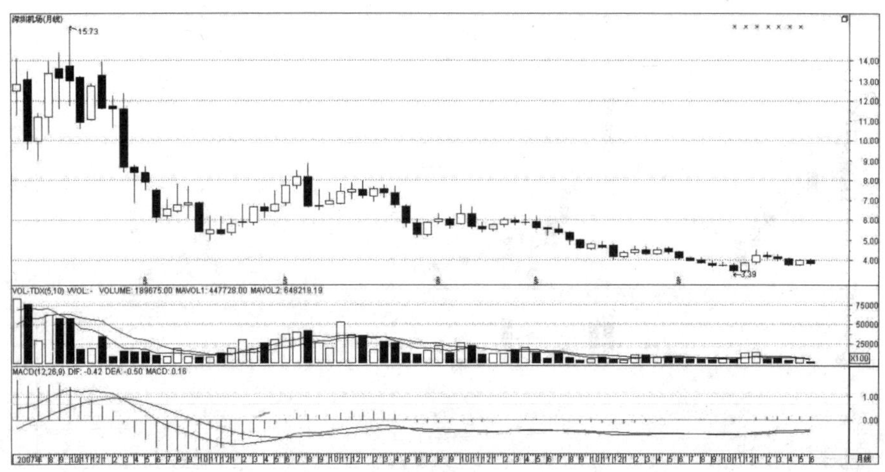

图附 44

深圳能源(月线)
31.47
VOL-TDX(5,10) VVOL: -　VOLUME: 1232703.00 MAVOL1: 1331596.75 MAVOL2: 1111664.00
MACD(12,26,9) DIF: -0.75 DEA: -0.93 MACD: 0.36
5.40
2011/09/30/五
月线

图附 45

双环科技(月线)
VOL-TDX(5,10) VVOL: -　VOLUME: 265430.00 MAVOL1: 983635.19 MAVOL2: 1066950.38
MACD(12,26,9) DIF: -1.00 DEA: -0.82 MACD: -0.37
4.25
月线

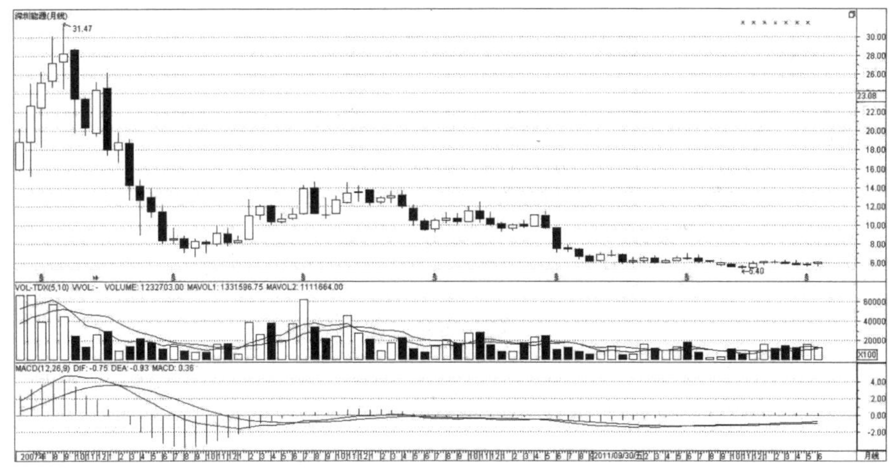

图附 46

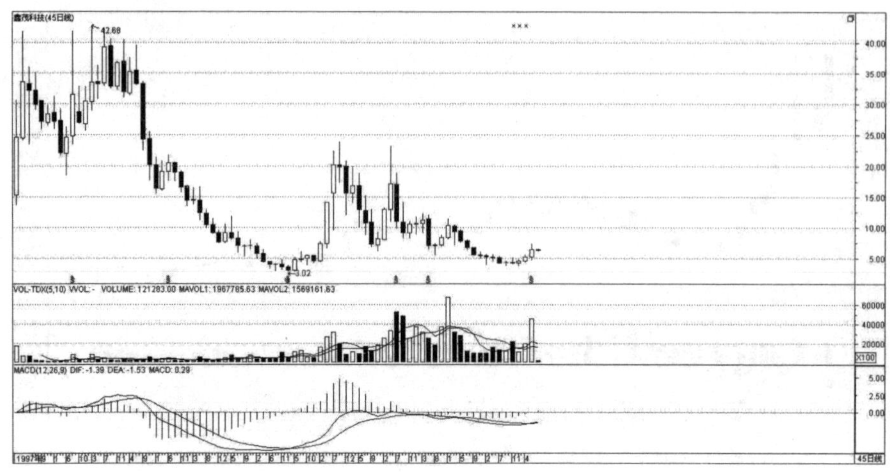

图附 47

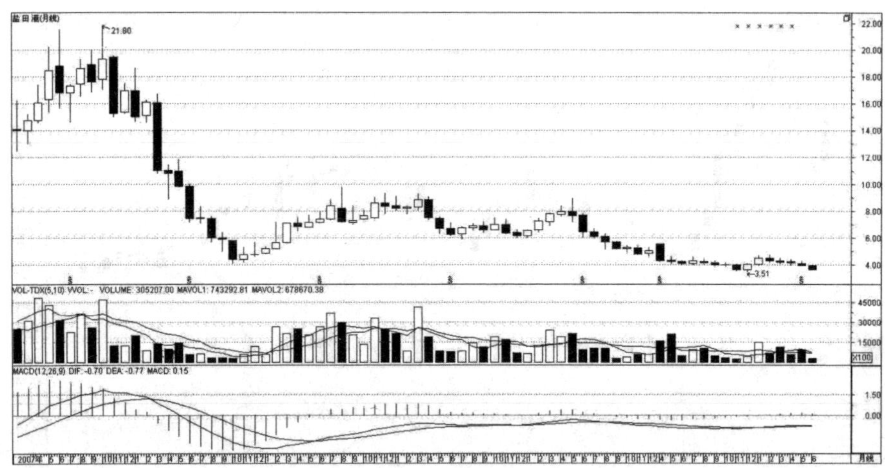

图附 48

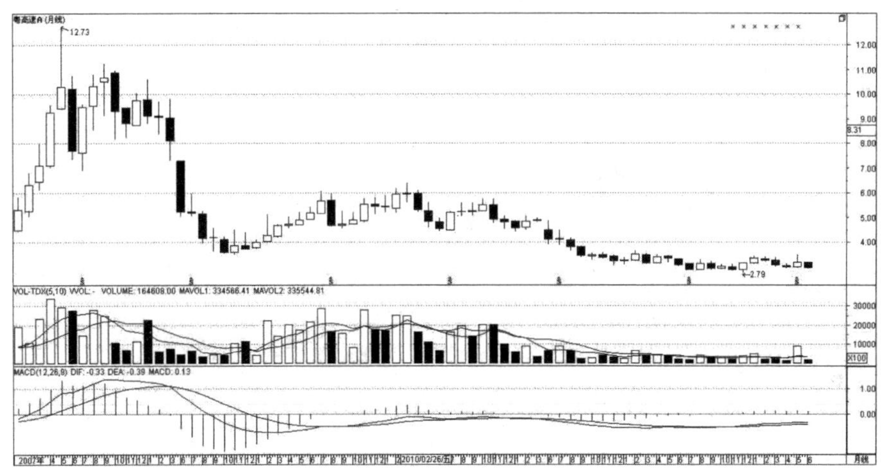

图附 49

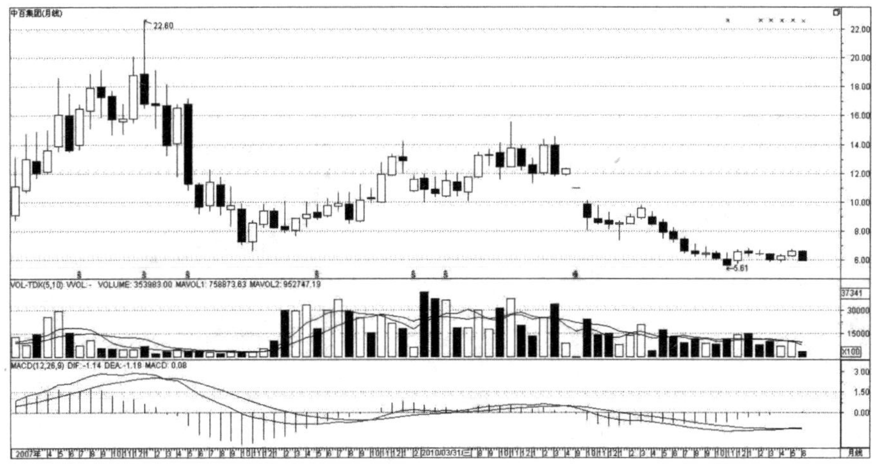

图附 50

中兴通讯(月线)
79.80
7.60
VOL-TDX(5,10) VVOL: - VOLUME: 2895487.00 MAVOL1: 5995928.50 MAVOL2: 5279105.50
MACD(12,26,9) DIF: -3.47 DEA: -4.31 MACD: 1.69

图附 51

珠海中富(月线)
15.96
2.24
VOL-TDX(5,10) VVOL: - VOLUME: 618676.00 MAVOL1: 1628537.63 MAVOL2: 1759707.25
MACD(12,26,9) DIF: -0.99 DEA: -1.05 MACD: 0.11

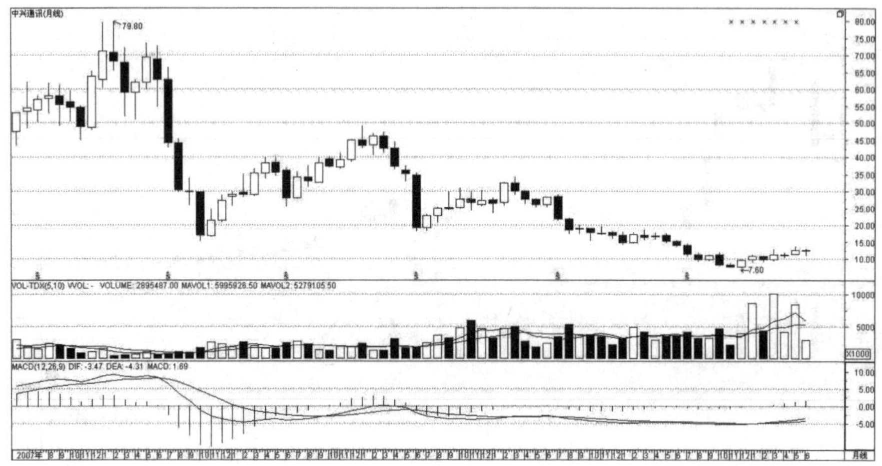

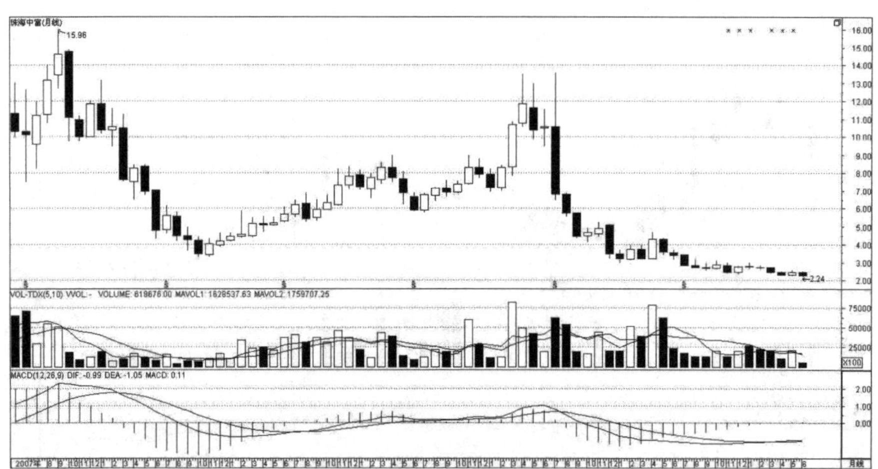

图附 52

智光电气(月线)
42.00
40.00
35.00
30.00
24.07
20.00
15.00
10.00
5.00
4.00
VOL-TDX(5,10) VVOL: - VOLUME: 149193.00 MAVOL1: 399650.41 MAVOL2: 526001.63
20000
10000
X100
MACD(12,26,9) DIF: -2.02 DEA: -2.36 MACD: 0.67
2.00
0.00
-2.00
2011/10/31/一
月线

图附 53